초판 발행	2025년 7월 3일
지은이	성지윤
책임편집	오혜교
디자인	전이슬
펴낸곳	OHK
출판신고	2018년 11월 27일 제 2018-000084호
주소	경기도 파주시 회동길 219 2층
전화	1800-9386
이메일	soaprecord@gmail.com
홈페이지	www.r2publik.com

ISBN : 979-11-94050-38-4(13300)

이 책은 저작권법에 따라 보호받는 저작물이므로 무단전재와 무단복제를 금지하며,
이 책 내용의 전부 또는 일부를 이용하려면 반드시 저작권자와 OHK의
서면동의를 받아야 합니다.

슈퍼 학원
Super Academy
절대 규칙

성지윤 지음

왜 그 학원만 자꾸
성장할까?

성지윤 원장의
1:1 <밀착 코칭>
수록!

월 8만원에서 월 8000만원 버는
초고속 7단계 로드맵!!

ohk

슈퍼 학원
Super Academy
절대 규칙

PART1.

월 50만원을 벌던 나는
어떻게 월 1억 사업가가 되었는가

#1	가난의 굴레는 운명이 아니다.	11
#2	부자 아빠의 가르침	17
#3	1년 치 수강료를 선불로 받을 수 있었던 이유	26
#4	4평짜리 방 한칸의 기적	31
#5	백설공주 옷을 입고 수업 한 이유	36
#6	학원은 변화를 경영하는 업이다	43
#7	전단지 디자인부터 직접 해보라	51
#8	마케팅보다 중요한 건 시스템이다	58
#9	잘 모르는 분야에서 벤치마크 하라	67
#10	학원이 점점 사라지고 있는 이유	72

PART2.
돈이 벌리는 슈퍼학원의 '절대 원칙'

RULE 1
장기적인 목표부터 정하라　　　　　　　　　　　　　96

RULE 2
자기 상황에 맞게　　　　　　　　　　　　　　　　104
운영 전략을 세워라

RULE 3
운영 초기에는　　　　　　　　　　　　　　　　　110
돈보다 시간을 벌어라.

RULE 4
예전에 알던 낡은 방식을　　　　　　　　　　　　118
바꿔라

RULE 5
잘 되는 과목으로 과감하게　　　　　　　　　　　133
갈아타라

RULE 6
새로운 선택을 반복하라   140

RULE 7
운영을 시스템화하라   148

RULE 8
더 나은 프로그램을 도입하라   158

RULE 9
셀프 브랜딩을 점검하라   167

RULE 10
돈 욕심을 더 부려도 된다   174

RULE 11
마케팅을 정확하게 하라   180

RULE 12
학원의 비밀 무기를 만들어라   189

에필로그   197

누구보다 열심히 사교육의 현장에서 열정을 담았던 지난 18년 동안의 이야기를 담았습니다. 학원, 교습소, 공부방 운영을 하며 오늘도 내일도 예쁜 학생들의 이야기로 수다꽃 피우고 있을 나의 친구들과 학원 원장님들께 도움이 되길 바랍니다.
무엇보다 나의 멘토이자 '동행'이란 말의 가치를 알게해 준 재현에게 생각을 정리하는 시간을 선물해 준 것에 대해 감사의 마음을 전합니다.

PART1.

월 50만원을 벌던 나는 어떻게 월 1억 사업가가 되었는가

#1

가난의 굴레는
운명이 아니다.

사람에게 운명이라는 게 있을까. 만약 운명이 있다면 내게는
아이들과의 인연이 아닐까싶다. 주일이면 어머니를 따라서
교회 유치부에서 봉사를 했던 나는 천성이 남을 챙겨주는
걸 좋아하는 성격이었다. 국어 선생님이셨던 아빠의
영향이었을까. 대학에 갈 때도 큰 고민없이 아동학과에
진학했던 나는 일찍이 아이들을 가르치는 선생이라는 직업에
끌렸다.

가르치는 일로 돈을 많이 벌 수 있을까

대학을 졸업하고 유아 수학학원에서 아르바이트를 할 때의 일이다. 당시 나는 문제집이 아닌 교구를 가지고 놀이 하듯 수학을 가르치는 방식에 충격을 받았다. 아이들은 하나같이 눈을 반짝거리면서 보드 게임에 집중하고 있는 게 아닌가! 내가 어릴 때만 해도 수학은 배우기 어렵고, 문제를 한없이 풀어야 해서 친구들 사이에서도 기피 과목 중 하나였는데, 그 학원에서 만난 아이들은 달랐다. 아이들에게 재미있게 수학을 가르쳐서였는지 몰라도 그 학원은 늘 수강 대기가 넘치곤 했다.

'이 학원 원장님은
돈을 많이 벌겠구나. 부럽다...'

나는 속으로 학원 원장님을 부러워했다. 그때까지 내가 알고 있던 선생님이라는 직업은 부유한 직업은 아니었다. 우리 집은 가난하지도 않았지만 여유 있는 형편도 아니었다. 나는 부모님에게 전기와 물을 아껴 쓰라는 말을 듣고 자랐고, 작은 사치도 허용되지 않는 엄격한 가정교육을 받았다.

이 습관은 어른이 되어서도 몸에 배어 학원 아르바이트를 하면서도 나는 근거리는 버스를 타지 않고 걸어 다닐 정도로 근검절약하는 아이였다. 지금 생각하면 일견 답답한 면도 있었던 것 같다. 낭비를 하는 것도 아닌데 생활에 필요한 만큼 돈을 더 벌어서 쓸 생각을 하기보다, 어떻게든 수중에 있는 돈을 쥐어짜듯 아끼려고만 했으니 얼마나 바보 같은 일인가!
나는 결혼을 하고 아이를 키우는 요즘도 남편한테 말한다. 돈이 없으면 더 벌면 되고 가진 돈에 맞춰서 끙끙대며 살지는 말자고. 그러려면 내가 원하는 만큼 돈을 벌 능력이 있어야 하고 남들이 필요로 하는 사람이 되어야 한다.

쉽게 벗을 수 없었던 가난의 굴레

세상의 돈이 어디 마음 먹는다고 쉽게 벌리는가. 20대의 나는 돈을 모으기 위해 여러 부업을 했다. 네이버 카페를 들락거리며 누가 일할 사람을 찾는다는 글만 올려도 일단 지원부터 했던 기억이 난다. 당시 몸이 불편한 사정 때문에 집에서 할 수 있는 재택근무만 지원했었던 나는 머리끈에 장식을 붙이는 일부터 댓글 알바까지 안 해본 일이 없었다. 당시 피치 못하게 진 빚은 몇 년 새 1억 원 가까이 불어나 있었고, 나는 원금은커녕 매달 이자를 갚느라 허덕였다.

친구들은 모두 대학에 다니면서 미팅도 하고, 놀러 다닐 시기 20대 중반의 나는 가난은 착하게 산다고 때를 벗듯 벗겨낼 수 없음을 깨달았다. 가난을 일찍 경험해본 사람은 안다. 가난한 환경이라는 게 단순히 몇 년 노력한다고 해서 벗어날 수 있는 게 아니라는 걸 말이다.

> '어째서 내 인생은 아침부터 저녁까지
> 고된 노동의 반복인걸까.
> 왜 그러고도 가난을 벗어나지 못하는 걸까.
> 문제가 뭘까.'

손목이 아플 때까지 머리핀 부업을 하다가 지쳐 쓰러져 잠들 때쯤이면 머릿속에서 드는 생각이 그랬다. 열심히만 하면 세상에 안 되는 일이 없다고 믿어왔는데, 가난만은 예외였다. 내가 특별히 잘못한 것도 없는데, 어째서 가난은 나에게 매달 청구서를 끝도 없이 들이밀면서 벼랑 끝으로 모는 것일까.

세상의 통념에 속지 마라

그냥 인생은 원래 그렇게 불공평한 거라고, 누군가는 평생 호의호식하는 반면, 누군가는 죽을 때까지 일해도 하루 벌어 하루 먹고사는 삶을 벗어나지 못하는 것, 그게 인생이라 깔끔하게 받아들이면 그만일 수도 있었다. 그런데 나는 그러지 않았다. 세상이 이유 없는 일이 어디 있는가. 누군가 호의호식한다면 그만한 이유가 있는 것이고, 누군가 평생 가난하다면 그 또한 합당한 이유가 있을 것이라고 생각했다.

하지만 아이러니하게도 내 주변에 사는 사람들은 아무도 이 질문에 답을 주지 못했다. 부모님도 친구들도. 다들 인생이란 원래 그런 것이라는 통념을 받아들이고 살아가고 있었다. 나는 그러기 싫었다. 어떻게든 이 질문에 답을 찾고 싶었다. 그때부터였던 것 같다. 도서관에 가서 책을 한 권씩 빌려서 읽는 게 습관이 됐다. 누가 가르쳐주지 않는 문제를 해결하기 위해 나는 책속의 세계로 빠져들기 시작했다.

#2

부자 아빠의 가르침

그때 처음 만난 책이 로버트 기요사키의 책 〈부자 아빠, 가난한 아빠〉였다. 도서관에서 그 책의 표지를 본 순간 꼭 읽어봐야겠다는 강한 이끌림을 받았다. 만약 그 순간 내가 기요사키의 책이 아닌, 다른 책을 집어 들었다면 내 인생은 지금과 완전히 다르게 펼쳐졌을 것이다.

운이 좋았던 건지, 아니면 운명이었던 건지, 나는 책을 통해 가난의 비밀을 밝혀낼 수 있었고, 내가, 우리 부모가 왜 평생을 가난하게 살 수밖에 없었는지 그 이유를 알 수 있었다. 책을 읽고 내가 내린 결론은 간단했다.

'배우지 않으면
원래 이렇게 살 수밖에 없는 거구나.'

워낙 유명한 책이니 그 내용을 여기서 자세히 밝히지는 않겠다. 부자 아빠는 돈을 버는 시스템을 알고 자녀에게 이를 가르치고, 가난한 아빠는 자녀에게 돈과 자본주의에 대해 가르치지 않은 결과는 두 아이의 미래를 전혀 다른 방향으로 이끈다. 가난은 죄가 아니라지만, 자신이 가난한 이유를 알고 가난을 벗어날 방법도 알면서 그걸 실천하지 않는 건 중대한 실수가 아닐까. 책을 읽고 난 이후 깨달은 바는 그랬다.

사람을 끌어당기는 원리 배우다

그때부터 도서관에 있는 거의 모든 자기계발서를 빌려와서 밤새 한 권씩 읽곤 했다. 사람들은 자기계발서 책들이 뻔하다고, 다 아는 얘기를 앵무새처럼 반복하는 책들이 뭐가 재밌느냐고 하지만 당시 내게는 그야말로 신세계였다. 똑같은 내용이라도 읽는 사람의 마음이 어떤 상태인가에 따라서 책은 달리 읽히게 마련이다.

나는 그때 간절했고, 누군가의 도움이 필요했으며 가난을 탈피하고자 하는 욕망이 컸다. 그랬기에 자기계발서에 적힌 사소한 조언 하나가 달디 달았다. 그게 아무리 별 게 없어 보인다고 해도 나는 책에 나온 조언을 반드시 이튿날 실행에 옮겼다. 어떤 책에는 이런 내용이 적혀 있었다.

> "성공하고 싶다면
> 상대를 가리지 말고
> 공손하고 친절하라.
> 그러면 당신은 성공할 수 있다."

그 문구를 읽은 뒤부터는 만나는 사람들에게 먼저 인사하는 습관을 들였다. 건물 청소하는 아주머니, 관리 사무실 경비원 아저씨, 하다못해 노점에서 다듬은 채소를 파는 할머니에게도 친절하려고 노력했다.

그게 뭐 그렇게 대단한 일이냐고 생각할 수 있지만, 만나는 모든 사람에게 친절을 베풀다보니 '사람들이 무엇을 원하는지'가 조금씩 보이기 시작했다. 어느 순간부터는 상대가 말로 표현하지 않아도, 나와 인사를 나눌 때의 목소리와 말투, 행동 등을 통해서 그 사람의 현재 심리 상태를 훤히 들여다볼 수 있었다. 그리고 이것은 지금까지도 영업을 하면서 쓰는 나만의 무기이기도 하다.

우연히 찾아온 첫 번째 기회

한 번은 학원에서 학부모가 아이 수업이 끝나고 물티슈로 손을 닦아주는 모습을 봤는데 문득 이런 생각이 들었다.

'학부모들이 다른 여러 아이들이 만지는 교구는 비위생적이라고 생각하지 않을까.'

그때만 해도 코로나19 전이라 학원에서 쓰는 교재는 일정 주기로 소독을 하긴 했지만 매일 닦아주지는 않았었기에, 물티슈를 휴대하고 다니면서 수업이 끝나면 아이들 손을 닦아주는 엄마들이 많았다.
그런데 학원 원장님은 이 점을 별로 대수롭지 않게 생각했는지 교구를 매일 소독하자는 내 말에 별 반응이 없었다.
나는 시중에 파는 9만 원짜리 컵 소독기를 사서 아이들이 수업하는 교구 재료들을 매일 소독하기 시작했다. 내가 소독기에 교구를 소독하는 걸 본 엄마들은 그날 이후부터 수업이 끝나고 아이들의 손을 물티슈로 닦아주지 않았다. 어느 날 수업이 끝나고 한 엄마가 오더니 내게 물었다.

"저 소독기, 선생님이 가져다놓으신 거죠?"
"네, 맞아요."

"제가 수많은 학원을 다녀봤는데 교구를 소독하는 곳은
선생님이 처음이었어요. 괜찮으시면
저희 집에 오셔서 저희 아이한테
수학 개인교습을 해주실 수 있나요?"

그 엄마는 내가 여러 모로 남다른 생각을 갖고 있는 사람이라고 판단했는지, 과감하게 자녀의 개인 교습을 맡긴 것이다. 이렇듯, 기회는 나도 모르는 사이에 찾아오곤 한다. 자는 동안 조용히 밀려드는 바다의 밀물처럼 말이다.

첫 수업을 했던 날이 아직도 눈에 선하다. 방문해서 열정을 다해 수업을 하고, 아이 엄마에게 수당을 받았다. 상가를 임대하면 관리비도 내고 임대료도 내야 하지만, 방문 수업을 하면 한 달 매출이 고스란히 내 수입이 되었다.

첫 수업이 인연이 되어 소개를 받은 아이들이 10명 남짓. 그렇게 한 달 동안 일을 했더니 순수익이 200만 원이 넘었다. 한 달 내내 부업을 해도 10만 원을 못 벌던 나에게

"돈 버는 건 이런 것이다"라는 걸 알려준 것이 바로 방문수업이었다. 그렇게 낮에 근무하며 받는 월급에 더해 적잖은 돈을 벌었지만, 부업으로 버는 돈은 고스란히 빚을 갚는 데 나갔다. 도와주는 사람 없이 여자 혼자서 생활을 자립하는 것은 만만치 않은 일이었다. 그래도 나는 꾸역꾸역 일을 늘려 나갔다. 육체적으로는 너무나도 힘들었지만, 마음만은 설레고 흥분되었다. 조금씩 희망이란 게 보였기 때문이다.

자기계발서에 담긴 '부의 본질'

내가 공부방을 차리기까지 필요한 '시드머니'를 모으는 시기가 있었다. 오전 7시부터 오후 3시까지는 어린이집 선생님으로 일하고, 오후 3시부터는 방문 수업을 하면서 종잣돈을 마련했다. 그 전까지 돈을 모은다는 걸 저축밖에 몰랐던 나는 매일 저녁 퇴근하고 자기계발서를 한 권씩 독파해나가면서 자본주의의 기본 원리를 차근차근 깨우쳐나갔다.

평생 책을 그리 가까이 하지 않았던 내가 어느 날 자기계발서와 경제서적들을 단 번에 이해하기란 불가능한 일이었다. 그러나 무슨 말인지 모를지언정, 책을 읽는 순간만큼은 심장이 뛰었다. 이 책을 읽는 독자들 중 독서를 하며 다만 하나라도 내 것으로 만들고 싶어서 설레어본 경험이 있다면, 단언컨대 당신은 부자가 될 것이다. 내가 그랬던 것처럼 말이다.

시중의 자기계발서는 내용이 다 비슷해보인다. 어떤 사람은 서점에 선 채로 한 시간만에 읽는 경우도 있다. 그리고 자기계발서는 알맹이가 없다면서 또 다른 자기계발서를 사서 읽는다. 하지만 그건 책을 수박 겉핥기 식으로 읽었기 때문일지도 모른다. 책의 내용을 깊이 파고들어서 저자의 생각을 내 것으로 만들겠다는 생각으로 독서를 하면 엇비슷한 내용을 보면서도 어느 순간 그 이면의 '본질'에 가닿게 된다.

나는 이걸 '책이 도끼처럼 생각의 얼음장을 깬 순간'이라고 표현하는데, 이런 순간을 경험한 사람은 독서를 통해 책의 저자와 일치되어 그 저자의 마인드와 역량까지도 오롯이 제 것으로 흡수할 수 있게 된다. 아마 자기계발서를 읽어본 이들 중에서 이 단계까지 가는 사람은 많지 않을 것 같다.

정말 간절하게 자기계발로 삶을 변하게 만들고 싶은 이들 중 몇몇 사람만 여기까지 나아가는 것 같다.

#3

1년 치 수강료를 선불로 받을 수 있었던 이유

부업으로 한 달에 8만 원을 벌었던 내가 내가 방문 수업으로 월 200만 원을 벌게 되니 하루하루가 행복했다. 어린이집에서 받는 월급으로는 생활을 했고, 방문 수업으로 번 돈으로는 빚을 차곡차곡 갚아나가는 것만으로도 숨통이 트였다. 하지만 그런 상황에서도 마음 한 켠에는 그게 전부여서는 안 된다는 생각, 무언가 더 나은 길이 있을 거라는 생각이 수시로 들었다.

가장 큰 숙제는 혼자서 10명의 학생들을 한 명씩 방문하는 수업에는 한계가 있다는 거였다. 오전에는 어린이집에 출근하고 오후에 수업을 했는데, 몸은 하나이고 시간이 한정되어 있다 보니 매출은 일정 수준을 벗어나지 못했다. 수업을 받고 싶은 아이들의 대기가 한참 걸려 있는 상황에서는 별도의 수업 공간이 필요하다는 걸 알았지만, 당시에는 상가를 얻을 돈이 없었다. 내게는 지혜가 필요했다.

아파트 방 한 칸을 공부방으로 만들다

'왜 꼭 상가를 얻어야 해? 집에서도 할 수 있는 거잖아?'
그때 문득 든 생각이 그랬다. 공부방을 차려보자! 공부방은 거주지를 활용할 수 있으니 보증금이나 임대료 없이 방 한 칸만 공부방으로 만들면 운영할 수 있었다. 문제는 당시 내가 살던 아파트가 낡은 임대 아파트였다는 것이다. 어느 부모가 낡디 낡은 아파트에 차려진 공부방에 아이를 보내려고 할까.

'이성을 좋아하는 마음이 들면,
상대방의 가정형편이나 배경이 눈에 안 보이고
오직 그 사람만 보이는 거 아니겠어?
그렇다면 나도 학생들이 낡은 아파트가 아니라
나를 바라보게 하고, 나를 사랑하게 만들면 되지.'

그때 내 생각은 이랬다. 당시 읽고 있던 자기계발서에 '고객이 나에게 돈을 결제하는 사람이 아니라 내 가슴에 담을 수 있는 사람으로 만들어라'는 내용이 있었기에 이를 실천해본 것이다. 고객과 좋은 관계를 만들면, 고객은 내 외모나 환경이 아닌

나라는 사람 자체에 가치를 매기고 돈을 낼 것이라는 확신이 있었다.

나는 이 생각을 곧바로 실천에 옮겼다. 당시 작은 방 하나를 공부방으로 만들고 본격적으로 운영을 하기 시작했다. 고객이 낡은 아파트 공간이 아니라, 나라는 사람 자체에 푹 빠지게 하기 위해 무던히 애를 썼던 기억이 난다.

고객의 마음을 얻으면 지갑이 열린다

나는 아이들을 가르쳤지만 결국 학부모들을 함께 상대하는 것이 업의 본질이었기에 학부모를 집중적으로 공략했다. 당시 공부방에 상담을 왔거나 아이들을 등록시킨 엄마들의 전화번호를 저장해둔 뒤, 엄마들의 개인 SNS를 열심히 들여다봤다. 프로필 사진부터 시작해서 과거 게시물을 훑어 올라가다 보면 상대가 어떤 사람인지, 무엇을 좋아하고 어디에 관심이 있는지를 알 수 있었다.

> '이 엄마는 메신저에 애기 사진만 잔뜩 있네.
> 아직 30대인데 아이에게 올인하는 이유가 뭘까?'

이런 궁금증이 들었던 나는 그 엄마를 찬찬히 관찰했다. 늘 화장 없는 얼굴에 기운이 빠진 모습으로 낡은 청바지를 입고 나타난 그를 상담실로 불렀다.

"이렇게 젊고 예쁘신데 왜 프로필을 아기 사진만 걸어놔요?
어머님도 좀 예쁘게 꾸미고 벚꽃 배경 삼아
사진도 찍어서 올려놓으세요."

그 엄마는 내가 자기 메신저 히스토리를 전부 알고 있는 게 놀라운 눈치였다. 그날부터 이 엄마는 남편 얘기며 시댁 얘기, 자녀 진로 얘기 등 민감한 부분까지 내게 털어놓으며 가까워졌다.

 고객의 마음을 얻으면 쉽게 돈을 벌 수 있다는 말이 그때 절실히 실감이 났다. 너무 돈돈돈, 하지 말자. 그냥 고객과의 관계, 일하는 것 자체를 즐기면 돈은 저절로 따라오게 마련이다. 나는 지금도 예전부터 이를 몸소 경험해왔고 지금도 돈보다는 고객과 관계를 맺는 걸 즐기면서 일하고 있다.

#4

4평짜리 방
한칸의 기적

"낡은 아파트에 공부방을
차리면 정말 고객이 올까?"

"상가같은 인테리어도 안 하고,
가정집에다 공부방을 만들어도
엄마들이 자기 아이를 맡길까?"

처음 내가 살던 임대아파트를 공부방으로 꾸미고 영업을 시작했을 때 계속 드는 고민이었다.

아마 지금도 나처럼 장소가 협소해서, 학원이 안예쁘거나 낡아서 고민인 원장님이 있을 것이다. 하지만 나는 원장님들에게 '편견을 깨라'고 권유한다. 인간은 가치를 상대적으로 인식하는 존재이다. 고객에게 '낡았다'라는 판단을 지우려면, 그 판단을 내릴 기준을 바꾸기만 하면 된다. 낡은 아파트라면 낡은 환경을 상쇄해 줄 더 높은 기준을 세우면 되지 않을까?

> '누구를 만나든지
> 대통령을 만난다는 생각으로 복장을 입어라.
> 그럼 상대는 극진히 대접받는다는 생각에
> 감동할 것이다.'

어느 자기계발서 책의 한 구절을 읽으면서 나는 무릎을 쳤다.

'슈퍼를 하든 김밥집을 하든,
내가 깔끔하고
고급스러운 복장을 하고
손님을 맞으면 손님은
낡은 인테리어가 아니라
내 태도에 더 집중할 것 아닌가!'

그 당시 나는 다이소에서 5천원 짜리 화장품을 살 돈 마저 없어서 세수만 하고 아이들을 맞곤 했다. 그래서 책을 덮고 곧바로 중고 물품 가게인 '아름다운 가게'에 가서 2천 원짜리 하얀 셔츠 하나와 까만 굽 있는 슬리퍼 하나를 구입했다. 고급스러운 이미지를 내기 위해 내 나름대로 할 수 있는 최선의 착장이었다. 그 당시 잘 나가는 학원 원장님들이 모두 굽이 높은 까만 슬리퍼를 신고 있었기 때문이다.

학부모에게 신뢰를 얻은 비결

가게에 하나밖에 안 남은 셔츠를 사서 입었던 나는 잘 맞지도 않는 셔츠를 입은 채 학부모들을 상담했다. 그러나 정말 신기하게도 내 그런 변화에 학부모들은 태도가 달라졌다. 그전에는 반말을 하기도 하고, 나를 낮춰보았던 학부모들이 이제는 '성 원장님'이라는 존칭을 꼬박꼬박 붙이면서 나를 대하는 게 아닌가!

학부모를 상담하면서 마치 여러 손님을 앞에 상담한 것처럼 상담 노트를 중간부터 작성하기도 했다. 이 역시 자기계발서에서 '고객에게 신뢰를 주는 방법'으로 읽은 내용이었다. 컴퓨터를 못했던 나는 학부모에게 수업 피드백을 보낼 때도 처음에는 손으로 하나하나 표를 그려가면서 설명을 적었고, 그런 내 노력에 학부모들은 무한한 신뢰를 보내주었다.

4평짜리 방 한 칸의 기적

나는 내가 성장해온 역사를 그렇게 설명하곤 한다. 16명으로 시작한 공부방 수강생이 몇 개월 뒤 100명을 넘겼을 때 나는 아이들을 가르치는 일로도 돈을 많이 벌 수 있다는 것과 비로소 내가 이 일로 성공할 수 있겠다는 확신이 들었다.

#5

백설공주 옷을 입고 수업 한 이유

세상에 쉬운 일은 없다고 생각한다. 게다가 내가 하는 일로 돈까지 많이 벌기로 결심했다면, 남다른 노력을 해야 하는 건 당연한 일이다.

어느 날은 TV에서 우연히 어느 책 판매 사원이 백설공주 옷을 입고 길거리에서 책을 팔아서 성공한 이야기를 접하게 되었다. 그 아주머니는 다른 책 판매 사원들과 차별화를 위해 무엇을 할 지 고민하다가 우연히 딸 아이가 학예회에서 입었던 백설공주 옷을 입고 거리에 나가보자는 아이디어가 떠올랐는데 이게 사람들의 주목을 끈 것이다.

'저 아주머니도 하는데
나라고 못할 거 없지'

나는 곧바로 인터넷으로 백설공주 옷을 주문했고 다음 번 수업부터 백설공주 옷을 입고 아이들을 맞았다. 당시에는 몸무게가 70kg이 넘던 시절이라서 맞지 않는 옷을 몸에 맞추기 위해 소매나 허리의 단을 뜯어서 입어야 할 정도였다. 학부모들은 내가 백설공주 옷을 입고 상담을 하자 깜짝 놀라면서도 한 편으로는 재밌다는 반응이었다. 아마 속으로는 내가 미쳤다고 생각했을 것이다. 하지만 아이들이 좋아하는 모습을 보면서 한편으로는 흐뭇해하지 않았을까.

최초인 '무엇'을 시도해보자

워낙 내성적인 성향이었던 터라 백설공주 옷을 입고 수업하는 게 쉽지는 않았지만 그래도 나는 시도했다. 그만큼 잘하고 싶었고, 공부방이 잘 되게 만들고 싶었기 때문이다. 그 외에 백설공주 복장이 아니더라도 아이들이 좋아하는 일이라면 무엇이든 시도했던 것 같다.

*사진 설명: 백설공주 다음 엘사 옷 입고 여자 학생들과 도형 특강을 하던 시절의 모습. 아이들이 좋아하는 일이라면 무엇이든 시도했던 것 같다.

그 외에도 공부방을 운영하며 최초로 시도했던 게 여럿 있는데, 그 중 하나가 바로 '대기실'을 별도로 꾸민 것이다. 공부방에 아이를 맡기는 학부모들 중에서는 차를 몰고 40분 이상 달려서 오는 등 멀리서 오는 학부모들이 있었다. 학부모들은 아이를 맡기고 아파트 상가 커피숍에서 수업이 끝날 때까지 기다리곤 했다.

> '엄마들이 옆방에서
> 커피를 마시면서
> 기다리게 하면
> 더 편하지 않을까?'

아파트의 특성을 살려서 방 하나를 비워 집처럼 편한 공간을 만들면 더 좋겠다는 생각이 들었다. 나는 곧바로 작은방을 비워서 상담실로 꾸리고 소파를 들여놓았다. 상담실 안에는 간단한 원두 커피를 가져다놓아 엄마들이 편하게 커피를 타 마실 수 있도록 했다. 테이블을 하나 놔두고 잡지도 몇 권도 배치해두었다. 그런 나를 보고 주변 원장님들은 "성 원장이 미쳤다"고 했다.

보통 원장님들은 학원 안에 학부모들이 들어오는 걸 불편해한다. 원장님 입장에서는 학부모가 교사를 감시한다는 생각 때문에 부담스러운 것이다. 하지만 나는 공부방은 학부모도 고객인데 고객이 1시간씩 밖에서 대기를 하게 하는 것 또한 맞지 않다고 생각했다.

낡은 아파트를 스타벅스 같은 핫플로 만들다

학부모들의 반응은 폭발적이었다. 우리집 대기실은 어느 새 인근 학부모들의 '사랑방'이 되었고, 아이들을 맡기겠다는 엄마들의 신청이 폭주했다. 19평의 낡은 아파트가 동네 스타벅스보다 핫한 곳이 된 것이다.

한 번은 어느 신문 기사를 읽었는데 우리나라의 한 온천에서는 신문을 코팅해서 물 위에 둥둥 띄워놓는다고 한다. 보통 온천에 들어갈 때는 휴대폰을 가지고 가지 않고, 마땅히 읽을거리도 없기에 고객이 심심할까봐 걱정한 주인장의 배려다.

나는 영업이란 최소한 이 정도의 마음 씀씀이와 센스가 있어야 가능하다고 생각한다. 공부방을 남다르게 운영하려면 이런저런 시도를 해봐야 하는 이유이기도 하다.

이 외에 내가 수업 중에 신경 쓴 디테일이 또 있다. 수업시간에는 전화를 받거나 메신저 확인을 하지 않는 것이다. 간혹 상담 전화를 받는다고 수업 중에 휴대폰을 보는 원장님들이 있는데, 나는 지금도 이를 모니터링하면서 바로 고쳐주는 편이다. 내가 학부모 입장이라고 생각해보자. 수업 중에 다른 상담 전화를 받는 교사를 신뢰할 수 있을까. 수업

중에서 메신저 대화를 하는 것도 선생님이 하는 '딴 짓'처럼 보일 수 있다.

나는 수업이 다 끝나고 난 이후에만 학부모 상담을 했다. 그러다보니 자연스럽게 야간 운영을 하게 되고 주말에도 상담을 하러 오는 엄마들이 많았다. 365일, 24시간 북적거리는 공부방은 입소문이 나게 마련이다. 어떤 엄마는 유치원생인 자녀를 맡기기 위해 밤 11시에 상담 대기를 한 적도 있다. 성공은 어느 날 도둑처럼 찾아오지 않는다. 그보다는 조용히, 소리없이 가랑비에 옷 젖듯 찾아오게 마련이다.

처음 월 천만 원을 번 날

처음으로 통장에 천만 원이란 현금이 쌓였을 때가 지금도 생각난다.

돈이 없어서 집에서 기성바지 재봉 부업을 했던 나, 한 달에 10만 원도 채 되지 않는 돈을 벌면서 힘들어했던 시절이 주마등처럼 스쳐가며 그 자리에 주저 앉아 펑펑 울었던 것 같다. 내 나이 서른 네 살때의 일이다.

만약 독자께서 자본이 적거나 없고, 할 줄 아는 일이 아이들을 가르치는 게 전부라면, 나처럼 하지 않을까? 낡은 임대아파트에서 월 1천만 원의 돈을 벌게 된다면 모르긴 해도 이보다 더 적극적이고 열정적으로 할 지도 모를 것이다. 어쩌면 우리는 각자에게 주어진 상황에 맞게 일을 하고 돈을 버는 것인지도 모른다.

#6

학원은 변화를 경영하는 업이다

공부방이 잘 되고 시간이 흐르면서 "학원을 해보고 싶다"는 생각이 자연스럽게 들었다. 월 천만 원을 버는 공부방을 그대로 유지하는 것도 나쁘지 않았지만, 나는 돈보다 내 스스로가 얼만큼 성장할 수 있을지에 더 관심이 많았던 것 같다.

공부방에서 학원으로 이전하는 과정은 쉽지 않았다. 강사를 늘리고 가르쳐야 할 과목이 늘어났고, 차량 운영을 별도로 해야 했다. 종합학원의 경우 중심 상가에서 조금만 멀어지면 차량 운영이 필수다.

이때의 경험 때문에 지금도 나처럼 공부방에서 학원 운영으로 전환하는 분들에게는 꼭 마케팅과 운영 시스템에 대한 공부를 하라고 권유하고 있다. 그렇게 하지 않으면 맨땅에 헤딩하는 것처럼 고된 작업이 될 테니 말이다.
내 경우는 학원 운영 선배나 동료가 없어서 혼자서 독학을 하면서 시행착오를 거쳐나갔다. 몇 개월 주기로 만나서 가볍게 차 한 잔 마시는 동료 원장들에게 이것저것 물어가면서 어깨 너머로 노하우를 배웠던 것 같다.

하지만 원장님들의 말을 그대로 받아서 내 것으로 적용하지는 않았는데, 오히려 타 업종에서 나처럼 프랜차이즈 시스템을 설계해 성공한 대표님들의 이야기를 벤치마크하면서 학원 경영 현장에 적용했다. 그리고 여기서 검증된 요소들을 나만의 이론으로 만들어나가기 시작했다.

세일즈에 왕도는 없다 '무작정 전단지' 전략

사람은 끊임없이 배워야 하는 존재라고 생각한다. 당시 학원을 막 오픈하고 나니 '어떻게 하면 인지도가 낮고 거리가 멀리 떨어진 학원을 아이들이 오게 할 수 있을까'가 내 최대 화두였다. 이는 마케팅에 대한 고민이기도 했다.

오픈 초기에는 내가 할 수 있는 마케팅 방법을 총동원했는데 그 중에는 '무작정 전단지' 전략도 있었다. 어느 책에서 글로벌 대기업 회장님이 늘 가방 안에 전단지를 가지고 다니면서 만나는 사람에게 자연스럽게 건넨다는 이야기를 듣고 충격을 받았다. 전단지를 받은 사람이 타 업종에 종사하는 사람일 때도 그 회장님은 늘 전단지를 건네며 회사 소개를 한다는 것이었다.

전단지를 받은 사람은 대기업 회장이 직접 영업을 하는 회사라고 하면 신뢰감을 느끼며 주변에 이 회사를 자연스럽게 알리게 되고, 그럼으로써 신규 고객이 창출된다는 얘기였다.

'매출이 수천억 대인 재벌 회장들도
가방에 전단지를 들고
다닌다는데 나는 지금 뭘하고 있는 거지?'

스스로가 너무 안일하다고 생각했다. 그 다음날부터 곧바로 학원 전단지를 100장씩 가방 안에 들고 다니면서 가는 곳마다 전단지를 나눠주었다. 내가 사는 아파트 엘리베이터를 탈 때마다 붙였고, 엘리베이터를 탄 아이에게도 주었다.

"너 혹시 2층에 있는 OO학원 아니?"
"아뇨, 몰라요."
"내가 그 학원 선생님인데 나중에 한 번 놀러 와.
선생님이 맛있는 간식 줄게."

이런 식으로 새벽이고 주말이고, 밤낮을 가리지 않고 홍보를 했다. 온라인 광고는 당연히 병행했다. 마케팅이란 기본적으로 온라인과 오프라인 광고를 동시에 해야 하는 법이다. 그렇게 발로 뛰며 노력한 덕분일까. 새로 오픈한 학원도 몇 달이 채 되지 않아 대기 수강생이 생길 정도로 잘 되기 시작했다.

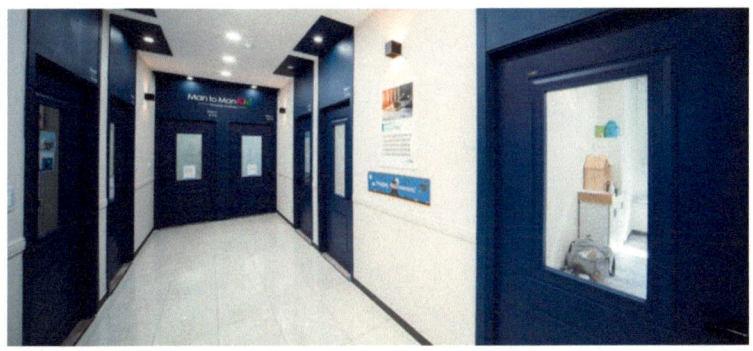

*사진 설명: 의정부의 한 상가 건물 학원에 오픈했던 학원의 모습. 몇 달이 채 되지 않아 대기 수강생이 생길 정도로 잘 되기 시작했다.

도전을 멈추지 마라

사람은 현실에 금방 익숙해지는 존재다. 학원 원장님들도 오픈 초기에는 매출이 나오지 않아 간절함에 열심히 홍보를 하다가도, 수강생이 조금 차면 금방 안심을 하고 예전의 노력을 멈춘다. 나는 문을 닫는 학원들을 숱하게 만나봤는데, 그 학원들도 처음에는 다 운영이 잘 되던 곳이었다. 그런데 왜 어느 순간에 문을 닫게 되었을까? 이유는 딱 하나, 현실에 안주했기 때문이다.

끊임없이 변하는 환경에 자신을 적응시키지 못하고, 트렌드를 따라 가려는 노력을 하지 않으면 어느 순간 끓는 물 속의 개구리처럼 서서히 목숨을 잃게 될 수도 있다. 그러니 학원이 잘 된다고 생각되는 바로 그 순간에 다양한 도전을 멈추지 말아야 한다.

예를 들어서 학부모 상담을 화상으로 해보기도 하고, 원데이 클래스도 열어보면서 학부모들의 반응을 살펴보는 것이다. 전혀 새로운 학생들을 대상으로 일일 수업을 열어보면 얻는 것이 참 많다.

온라인 강의를 완판시키다

나는 위기가 곧 기회라고 생각한다. 코로나19가 한창일 때, 온라인 클래스 플랫폼에서 수업을 열었던 적이 있다. 처음에는 강의 기획자 분의 반응이 시큰둥했다. 내가 이유를 물어보니 "어린 학생들을 대상으로 한 온라인 강의는 모집이 잘 안 된다"는 것이다. 나는 실무자를 설득했다.

> "저는 제가 직접 학생들을 모아 볼게요.
> 저한테 1개월만 시간을 주세요.
> 잘 안 되면 그때는 곧바로 상품을 내리면 되죠."

강의를 촬영하고 온라인 클래스 페이지가 생성되는 그날부터, 나는 기존에 하던대로 마케팅을 시도했다. 내가 아는 마케팅 지식과 경험을 총동원해서 노력해도 안 되는 거면 그때는 나 역시 '온라인 수업은 안 되는구나'라고 인정할 수 있다. 하지만 해보지도 않고 안 된다고 하는 건 오만이자 게으름이라고 생각한다.

결과는 어땠을까. 1개월 만에 수강생 모집이 꽉 차서 그 수업은 소위 '대박'이 났다. 클래스 기획자는 이 결과를 보더니

'프로모션을 얹어서 진행하면 더 많은 수강생을 유치할 수 있겠다'면서 나에게 1년 계약을 제시하기까지 했다.

이 책을 읽는 원장님들은 이런 생각이 들 수도 있을 것이다.

> "저건 저 사람이니까
> 가능한 거지."

하지만 나라고 마케팅을 처음부터 잘했거나 대단한 비법을 가지고 있는 것은 아니다. 그저 책에서 배운 내용을 그대로 적용해서 돈이 벌리니까, 신이 나서 점점 더 연구에 연구를 거듭했을 뿐이다.

학원업만큼 노력이 돈으로 환산되는 업종이 또 없다. 공부하는 게 싫고 귀찮으면 이렇게 생각해보자.

> '내가 공부한 시간이 복리가 되어
> 매출로 돌아온다!'

#7

전단지 디자인부터 직접 해보라

원장님들이 노력해야 하는 것 중 하나가 바로 디자인이다. 학원을 처음 운영하다보면 전단지나 명함, 이벤트 배너 등 이런저런 디자인 거리들이 많은데, 이를 처음 접하는 원장님들은 주로 외주를 맡기곤 한다. 하지만 이 비용 또한 만만치 않아서 나는 웬만하면 원장님이 마케팅 공부도 할 겸 직접 디자인을 해보라고 권유한다.

독학으로 배우면 진짜 내 것이 된다

요즘은 미리캔버스나 캔바 등 원장님들의 학원 홍보를 도와주는 디자인 템플릿 사이트가 많다. 이런 사이트의 디자인을 편집해서 전단지나 온라인 상세페이지를 만들어야 하기 때문에 요즘은 학원 원장님들 사이에서 필수라고 할 수 있다.

내가 처음 디자인 템플릿 사이트를 이용할 때만 해도 유료 요금제를 낼 돈이 없어서 다른 원장님과 함께 공동으로 사용했다. 한 달에 5만원 남짓한 유료 요금이 부담스러울 정도였으니 당시 내 상황이 어땠을 지는 짐작이 갈 것이다.

나는 돈을 낸 부분에 대해서는 최대한 활용해서 이 사이트를 써야 한다는 생각에 밤이고 낮이고 가리지 않고 틈만 나면 사이트에 들어가서 디자인을 만들었다. 웹 배너부터 전단지, 학원 홍보용 메신저 이미지 등을 가리지 않고 독학하면서 배웠던 것 같다.

어느 날 구독료를 같이 내고 있는 원장님이 전화가 왔다.

> "성 원장,
> 자기 그러다 죽어."

원장님은 결제 후에 이 사이트를 거의 이용하지 않았었는데, 어느 날 디자인을 하려고 들어가보니 이미 작업 파일이 수천 개가 있어서 깜짝 놀랐다는 것이다. 그때 한 달 동안 내가 작업한 이미지가 그 정도였다.

> '이번에 3학년 아이들에게
> 이런 수업을 한 번 해볼까?'

자다가도 갑자기 아이디어가 떠오르면 벌떡 일어나서 컴퓨터를 켜고 디자인을 만들곤 했으니 한 달에 수천 장의 이미지가 쌓여 있어도 무리는 아니었다. 그럼에도 힘들다는 생각보다 참 즐겁게 일을 했던 것 같다. 내가 노력한 만큼 수입으로 이어진다는 것, 내가 만든 결과물을 학생과 학부모들이 좋아해준다는 사실이 내겐 큰 힘이자 보람이었다.

홍보 이미지 한 장의 힘

이런 디자인이 학원 매출과 관련이 있을까. 관련이 있다, 그것도 적잖은 부분을 차지한다. 코로나19 시기에 학원이 잘 안 된다면서 문을 닫겠다는 Y 원장님이 있었다. 내가 왜 학원을 그만두려고 하느냐고 묻자 원장님은 "무슨 짓을 해도 원생이 안 온다"면서 "다른 일을 하라는 신의 계시"라고까지 했다. 나는 혹시나 하는 마음에 Y원장님에게 물었다.

"원장님, 최근에 만드신 수강생 모집 글 있죠?
그 이미지 한 장만 저 보여주시겠어요?"

원장님이 보내온 전단지 이미지 5장은 거의 참담한 수준이었다. 메신저로 이미지를 받고서는 곧바로 Y원장님에게 전화를 걸었다.

"원장님, 수강생이 안 오는 게
코로나 때문이라고 생각하죠?"

"그럼 이유가 뭐예요.
내가 열심히 홍보해도 안 되는데..."

울먹이는 Y원장님에게 나는 이런 제안을 했다.

"만약 제가 고쳐드리는 이미지로
수강 홍보 모집을 해서
1개월 안에 수강생이 한 명이라도
안 오면 그때 문 닫으세요.

반대로 한 명이라도 모집되면
포기하지 말고 학원을
계속 해보는 거예요. 어때요?"

그렇게 제안하고 원장님이 만든 이미지 대신 내가 온라인 이미지 제작 툴로 30분만에 만든 이미지를 원장님에게 주며 마케팅 방향을 간단히 알려주었다. 그러자 한 달 뒤에 Y원장님에게 전화가 걸려 왔다.

"대표님, 이번에 신규 수강생이 3명이 들어왔어요.

*사진 설명: 형식적으로 단순하게 만든 전단지(왼쪽)와 마케팅 요소가 들어가 있는 전단지(오른쪽)는 성과의 차이가 날 수밖에 없다.

시도해보지도 않고 포기하지 말자

이유는 간단했다. Y원장님이 만든 이미지는 모집 글이 눈에 들어오지 않는 어두운 색에 보색 대비가 맞지 않는 구성이었고, 무엇보다 수강생을 위한 혜택이 잘 눈에 띄지 않았다. 나는 가독성 있는 전단 이미지로 바꾸고 핵심 키워드를 크게 늘려주었을 뿐이다.

그렇게 단순한 것만 바꿔도 수강생이 올까? 온다. 직접 해보면 그 차이를 알 수 있다. 다만 이렇게 해보려는 생각을 하지 않는 이유는 딱 하나 "머리를 쓰려고 하지 않기 때문"이다. 자기 생업을 유지하는 데 있어서 이런 저런 노력과 열정은 반드시 필요한데, 단순히 어떤 걸 시도해보고 잘 안 된다고 해서 금방 포기해버린다면 결국 남들처럼 학원 문을 닫는 길로 갈 수밖에 없지 않을까.

#8

마케팅보다 중요한 건 시스템이다

여전히 많은 원장님들이 마케팅에 약하다. 마케팅을 한다고 하면 단순히 온라인 키워드 광고나 SNS 광고에 적잖은 광고비를 쓰는 거라고만 생각한다. 광고비를 쓴 만큼 효과가 있는 걸 모르는 사람은 없다. 중요한 건 적은 광고비를 써서 광고비 이상의 효과를 거두는 것이다. 그러기 위해서는 귀찮아도, 어려워도 공부를 해야 한다.

원장님이 공부를 하지 않고, 단순히 '물량 공세'하듯 광고를 하면 처음에는 원생이 꽉꽉 차는 것처럼 보인다. 학원 마케팅은 결국 돈이라는 생각에, 그 다음달 광고비를 두 배로 올려서 공격적으로 마케팅을 한다. 결과는? 원생이 늘기는커녕 오히려 다음 달에 학생들이 떨어져 나간다. 왜 이런 일이 발생하는 걸까? 공부하지 않았기 때문이다.

원생만 모이면 학원 경영은 성공일까

학원생 모집만을 위한 광고를 하면 마케팅이 마케팅이 아니라 사기처럼 보일 수 있다. 소문난 잔치에는 반드시 실망한 손님이 생기는 법이다. 제대로 된 한 방이 없이 사람만 모은다고 해서 학원이 성공할 리 없다. 나는 주변 원장님들의 이런 사례를 너무나도 많이 봐왔기 때문에 시행착오를 줄이기 위해 처음부터 마케팅의 세계를 파고 들었다.

마케팅은 지역 분석부터 시작해 우리 학원의 강점과 매칭되는 이벤트와 원생 관리 능력이 종합적으로 필요한 고난도의 영역이다. 그렇기 때문에 제대로 배워두지 않으면 애꿎은 광고비에 헛돈을 잔뜩 쓰는 결과만 만들게 된다. 나는 원장님이 최소한 광고대행사 3년 차 실무자 정도의 지식이 없으면 광고를 안 하는 게 낫다고 말한다. (그러므로 3년간 완벽하지 않아도 광고를 연습하고 발행하는 시간이 필요하다) 무슨 일을 하든 이 정도의 열정이 있어야만 '차별화'를 만들 수 있다.

> ### 성 대표의 실전 코칭
>
> **키워드 광고의 숨은 규칙**
>
> 마케팅 비용을 많이 쏟아도 성과가 없는 이유 중 하나는 온라인과 오프라인의 검색량을 세밀하게 구분해서 따지지 않았기 때문이다. 울산의 옥동과 송정동을 예로 들면 한 달 간 모바일로 울산의 옥동 수학 학원을 검색한 사람이 600명인데 비해 송정동은 20명에 불과하다. 옥동에 수학학원을 운영하는 원장님이라면 모바일 검색량이 많기 때문에 온라인 광고를 무조건 해야 하지만 송정동 원장님이라면 온라인 광고도 하되 오프라인 광고를 더 주력으로 해야 효과적인 것이다.

잘 가르치는 것은 기본이다

나는 오래 전부터 우리 학원 마케팅이 사기가 아니라는 걸 입증하기 위해 수많은 노력을 했다. 한 분야에 통달하려면 1만 시간이 필요하다고 하지만 내 경우는 적어도 2만 시간 이상을 마케팅 공부에 쏟았던 것 같다. 그렇게 마케팅에 어느 정도 자신감이 붙은 뒤에는 회원 관리에도 똑같은 노력을 쏟아부었다. 유명한 강사분의 수백만 원에 달하는 강의료를 내고서 세일즈를 배우며 이를 학원 원생 관리에 도입시킨 적도 있다.

결과는? 우리 학원은 1년 내내 수강생 대기가 있을 정도로 학생들이 문전성시를 이뤘다. 세상에 노력해서 안 되는 일은 없다.

앞으로 학원이 성공하기 위해서는 수업만 잘하는 것으로는 부족하다. "내가 잘 가르치는데 왜 원생이 안 오지?"라고 생각한다면 시장의 흐름에 대해 공부를 해야 한다. 잘 가르치는 것은 기본이다. 조금 된다 싶으면 우후죽순 학원이 생겨나는 치열한 경쟁 상황에서 차별화된 강점과 운영 전략을 갖추지 않으면 오래 버티지 못한다.

기존에 소위 잘 나가던 학원이라도 트렌드의 변화에 따라 업그레이드하지 않으면 원장님은 원생이 조용히 빠져나가는 걸 보고만 있게 된다. 북적거리던 학원에 원생이 썰물처럼 빠져나가는 것만큼 원장님에게 큰 악몽이 또 있을까.

학원 운영의 절대 규칙

하지만 세상에 이유 없는 성공이나 실패는 없다. 어떤 학원이 망했다면 망한 이유가 있는 것이고 반대로 점점 성장해나가는 학원은 그만한 이유가 있기 때문일 것이다. 그러면 우리는 어떻게 해야 할까? 가만히 있지 말고 잘 되는 학원의 장점을 내 것으로 만들고, 현재의 상황을 개선하기 위해 노력해야 한다.

단순히 이를 악물고 열심히 한다거나, 무조건 공격적으로 마케팅을 하라는 얘기가 아니다. 경쟁학원보다 학원비를 조금씩 낮추는 제살깎이식 마케팅은 오래 가지 못한다.
그보다 중요한 것은 학원 운영을 하나의 시스템으로 봤을 때, 이 시스템이 원활하게 돌아가서 계속 이윤을 창출해내는 구조를 만들어내는 원리를 터득하는 일이다.

학원이 성장하고 매출이 커나가는 데에는 일정한 공식이 있는데, 현장에서 아이들을 가르치기만 하는 원장님들은 대부분 이걸 모른다. 나는 지금 회계관리나 세금 같은 경영관리를 말하는 게 아니다. 물론 이것도 중요하지만 보다

근본적인 핵심은 학원의 구조와 특성을 파악하고, 이를 자신의 강점과 연결지어서 차별화된 역량으로 발전시켜나가는 것이다.

시스템이 나 대신 일하게 하라

부자들이 부자가 되는 데는 일정한 규칙과 공식이 있다고 한다. 로버트 기요사키나 빌 게이츠, 워렌 버핏이 말하는 부의 공식은 간단하다.

'시스템을 만들어라.
그리고 이 시스템이 나 대신 일하게 하라'

'돈이 돈을 버는 구조를 만들지 않으면
절대 부자가 될 수 없다.'

이게 비단 부자가 되는 방법에만 적용되는 말일까. 나는 그렇게 생각하지 않는다. 부를 쌓는 지름길에 돈을 버는 구조를 만드는 것이듯, 학원 경영을 잘하는 것도 결국 '학생이 계속 들어오고 나가지 않게 만드는 구조'에 달린 일이기 때문이다.

어떤 사람은 이렇게 반문한다. "우리 지역은 못 사는 동네라 그런 저런 공식 같은 건 안 먹혀요." 정말 그럴까? 부자가 되는 공식이 잘 사는 동네에서만 통하고, 못사는 동네라고 안 통한다면 그건 공식이라고 부를 수 없는 '반쪽 짜리' 지침일 것이다. 학원 경영에 어떤 성공 방정식이 있다면, 이는 지역에 무관하게 통해야 한다. 그리고 내가 그동안 실험하고 검증한 바에 따르면, 슈퍼 학원을 만드는 비법은 지역과 소득 수준과 전혀 무관했다. 즉, 언제, 어느 지역에서 누가 하더라도 똑같이 성과가 나온다는 뜻이다. 이 정도면 '공식'이라고 해도 무방하지 않을까?

#9

잘 모르는 분야에서 벤치마크 하라

사람은 관성에 휘둘리는 존재이다. 했던 일을 반복하려고 하고 아는 내용에서 조금만 더 알고 싶어하는 식이다. 예를 들어 수학학원을 하는 원장님은 수업을 더 잘하고 싶은 마음에 수학 강사가 쓴 책을 읽거나 그 강사의 강의를 보고 벤치마크하는 식이다. 하지만 이미 내가 몸담고 있는 분야에 있는 사람에게서만 배우면 배움의 범위가 확장되기 어렵다고 생각한다.

누구나 자기가 잘하는 것에서 조금씩 더 잘 하려고 들 뿐, 예상을 깨는 변칙이나 참신한 아이디어를 접목하려고 하지 않는다. 이럴 때는 내가 잘 알지 못하는, 새로운 분야에서 배우면 된다.

장사에서 학원 경영을 배우다

나는 학원 경영과 마케팅을 학원 사업가들에게 배우지 않았다. 이미 시장에서 하고 있고, 자리를 잡은 방법을 내 식대로 가져다 바꾼다고 한들, 그게 얼마나 차별화가 될 수 있을까? 나는 한계가 있다고 본다. 내가 벤치마크했던 대상은 오히려 장사하는 사업가들이었다. 백종원처럼 프랜차이즈 사업을 하는 사람의 생각은 요리만 하는 이연복 셰프와 다르다.

요리 실력이 누가 더 낫고 못하고의 문제가 아니다. 외식사업을 하려는 사람에게는 요리 철학보다는 외식사업의 본질이 더 중요한 문제다. 마찬가지로 학원 경영을 잘하려는 사람이라면 수업의 방법론보다는 교육업의 본질이 무엇인지를 알아야 한다.

나는 초등학생 아이들에게 수학을 가르칠 때는 '아이들에게 수업을 잘 가르치는 것만이 능력'이라고 생각하지 않았다. 그 말이 틀린 건 아니지만 핵심은 아니다.

핵심은 뭘까? 바로 '학생도 학부모도 만족하는 수업'이다. 아이들이 공부를 잘하길 바라는 마음이 가장 큰 건 자녀보다는 학부모다. 아이를 학원에 보낼지 말지를 결정하고 학원비를 지불하는 사람은 학부모다. 그렇다면 학부모가 만족하는 수업은 무엇일까?

아이들의 수학 실력이 오르는 것은 기본일 것이다. 그 다음으로 중요한 건 무엇일까? 공부방을 운영할 당시 내 생각은 "아이가 스스로 공부방에 가고 싶다고 엄마한테 말하게 만드는 것"이라고 생각했다. 그렇지 않을까? 아이를 공부방에 보내고 싶은 엄마라도 자녀가 학원에 가는 걸 죽도록 싫어한다면 억지로 공부를 시키는 데는 한계가 있을 테니 말이다. 하지만 아이도 공부방에 가고 싶어서 엄마를 재촉한다면? 엄마로서는 그 공부방에 더 점수를 줄 수밖에 없다.

교구를 직접 개발한 이유

이 사실을 깨달은 나는 아이들이 재미있게 수학을 배우도록 하기 위해 나만의 프로그램을 만들었다. 시중에 있는 교구 프로그램을 보고서 내가 장점이라고 생각하는 요소들을 모아서 만든 프로그램이었다.

내가 만든 프로그램은 당시에는 없었던 프로그램이었기 때문에 아이들에게 적용하기까지는 무수한 연습이 필요했다. 나는 학부모와 상담실에 마주 앉아서 프로그램 내용과 수업 방향을 설명하는 걸 시뮬레이션하면서 몸 동작 하나하나까지를 상상했고, 몇 걸음을 걸어가서 상담실 문을 열고 학부모를 맞을 지, 학부모를 만나서 어떤 표정을 지을 지까지도 완벽하게 연습했다. 한 두 번 연습한 정도가 아니라 최소한 수천 번을 연습하는 식이다.

나는 지금도 수업이 처음이라서 준비를 어려워하는 원장님들에게 말한다. 천번 정도 수업 내용을 시뮬레이션 하시면 완벽해질 거라고. 재능이 없다면 이 정도 노력은 당연히 해야 하지 않을까. 이번달 매출이 떨어져서 고민이라면, 최소한 우리 학원 수업에 학생들이 꽉 차서 이번달 학원비가 통장에 줄줄이 입금되는 상상이라도 해야 한다. 이런 염원이 없이 단순히 기우제를 지내듯, 막연하게 학원이 잘 되길 바라는 원장님들이 너무 많다.

수업 준비를 천 번 정도 리허설을 할 정도의 염원이라면 그 어떤 교구 수업도 어려울 수가 없다. 나는 학부모 상담이 어렵다는 원장님들에게도 똑같이 리허설 하라고 말한다. 눈 감고 술술 말할 정도가 되면 원생 등록은 저절로 되게 마련이다.

#10

**학원이
점점 사라지고 있는
이유**

학원을 지금 하고 있거나 앞으로 학원을 경영하려는 분들이 반드시 알아두어야 할 점이 있다. 그동안은 학원을 하면 수업을 잘하고 아이들 케어를 잘하면 그럭저럭 돈을 잘 벌 수 있는 안정적인 업종이었다. 실제 학원을 하려는 이들 중에는 이런 메리트 때문에 준비하는 이들이 많다.

하지만 코로나 펜데믹 이후 많은 학원들이 문을 닫고, 비대면 교육이 화두가 되면서 학원업계에 거대한 지각변동이 예고되는 상황이다.

현장에 있는 원장님들은 피부로 와닿는 얘기겠지만, 요즘은 저출산으로 인해 학원에 아이들이 점차 줄어드는 추세이다. 동시에 공교육의 질이 높아지고 있다. 일례로 부산의 한 지역은 바우처 카드로 60만 원 가량의 수강비를 지원해주는데, 여기에 사교육자들이 공급자로 대거 참여하면서 학부모들이 아이들 학원 수강을 끊는 경우도 많다고 한다. 경쟁의 판도가 시시각각 바뀌는 상황에서 세상이 어떻게 돌아가는지 모르는 원장님들은 수업에만 집중하면 학원이 저절로 잘 되리라는 미약한 희망을 품고 있다. 정말 그럴까?

잘 가르치는 것만으로는 부족하다

우리나라는 참 자녀 교육에 진심이다. 공부방부터 교습소, 학원까지, 모르긴 해도 대한민국에서 편의점 다음으로 많이 보이는 간판을 꼽으라면 아마 이런 사설교육 업체들일 것이다.

전국학원 및 교습소 표준데이터에 따르면 2024년 기준으로 대한민국의 학원, 교습소, 공부방의 수는 사설 학원 수: 약 67,000개, 교습소 및 공부방 수: 약 40,000개에 달한다. 이 둘만 합치더라도 약 107,000개에 달하는 사설 교육기관이 존재하는 셈이다. 제주도만 놓고 보더라도 학원이 1천 곳이 넘는다고 하니 엄청난 규모가 아닐 수 없다.
그런데 이보다 더 놀라운 건 이렇게나 많은 학원 중에서 돈을 벌고 성장하는 학원은 극소수라는 것이다.

학부모들은 가끔 대한민국 엄마들의 학구열 덕분에 학원이 떼돈을 번다고 말하지만, 학원들의 실상은 그야말로 처참할 지경이다. 매달 월세를 내지 못해서 근근히 버티는 학원들이 대다수고 원장들은 강사들 인건비를 메우느라 자기 월급은 언감생심 꿈도 못꾼다. 그런 와중에 공부방, 학원이 우후죽순 생겨나 경쟁은 그 어느 때보다 치열하다. 턱도 없는 광고비를 소모하며, 적자가 날 정도로 학원비를 내리는 경쟁을 보고 있자면 둘 중 하나가 망할 때까지 끝나지 않는 '치킨게임'을 보는 듯하다.

> "학원 운영하면 돈 좀 벌 줄 알았는데,
> 언제 접어야 하는지 고민 중이에요."
> "강사 월급 주려고 학원 하나 싶을 정도예요.
> 대기업 학원과 경쟁 중인데 조만간 학원 문
> 닫아야 할 것 같습니다."

사교육비 지출이 줄고 있다

BC카드에서 2025년에 보고한 바에 따르면 2025년에 처음으로 사교육비 지출이 줄어든 것으로 나타났다. 사교육은 한국 엄마들이 절대 놓지 못하는 소비 품목이라는 인식이 조금씩 바뀌고 있다. 철옹성 같던 사교육 시장에 금이 간 지는 이미 오래됐다. 바로 코로나19가 그 변화의 계기를 만들었다. 앞으로 학원 교육의 미래는 어떻게 변할까?

나는 그 방향의 흐름을 이렇게 보고 있다.

초등수학을 예로 들면 교과 중심의 시장과 교구 중심의 시장이 존재한다. 교과 중심의 경우 학교 단원평가를 잘 보는 성적 중심의 수학 교육을 펼치는 반면, 교구 중심은 도구를 활용해서 수학을 재미있게 가르치는 데 초점을 맞춘다.
그러나 지금은 이 두 가지 교육 방식이 점차 통합되는 추세이다. 예를 들어 교과 중심으로 수업을 하던 원장님의 경우는 우리 학원은 학교 공부를 가르치는 데 집중하고 있으니 보드게임 등을 활용해 재미있게 수업하려는 학부모들에게는 맞지 않다는 식으로 소통한다.
반대로 교구 중심으로 수학을 가르치는 원장님은 "우리 학원은 단원평가는 안 가르쳐요"라는 식으로 말할 수 있다. 그러나 앞으로는 이렇게 해서는 안 된다. "우리 학원에 오면 교구 중심으로 수업도 하면서 교과 중심 수학도 할 수 있어요"가 되어야 한다. 즉, 학부모들에게 '이 학원에 다니면 수학은 모두 해결이 된다'는 인식을 심어줘야 하는 것이다.

즐거운 수학 vs. 학교 수학

두 가지 수학 교육을 병행하면서도 중심은 교과 교육에 초점을 맞추는 것이 좋다. 교구 중심의 수학 교육을 하는 분들은 '자존심'이 무척 강한 편이다. "우리는 문제풀이식 수학 교육은 안 한다"는 생각이 강하다. 하지만 앞으로는 교과 중심의 수업을 하는 것이 중요한 시대가 온다.

사교육 지출에 대해서 학부모들의 지갑이 닫히고 있다면, 이들의 관심사는 학교 수학 중심이 될 수밖에 없기 때문이다. 요즘 상담을 다니면 원장님들에게 자주 하는 말이 있다.

> "그동안 유초등부 전문 수학을 하셨다면
> 앞으로는 고학년, 아니면 최소한 중등수학으로
> 로드맵을 올리셔야 해요."

초등학생 자녀를 둔 학부모는 중등 로드맵이 없는 학원을 불안해한다. 자녀를 보내면서도 '어디 중등수학까지 가르쳐주는 곳 없나' 하고 계속 알아볼 수밖에 없는 것이다.

'저는 초등수학만 해왔는데,
갑자기 어떻게 중등수학을 하나요?'

이렇게 반문하는 분도 있지만 나는 그렇기 때문에 공부하셔야 한다고 권유한다.

대기업 학원과 경쟁한 원장님의 사례

C원장님은 충남에서 학원을 운영하고 있었다. 그런데 오픈한 지 한 달이 안 된, 대기업 브랜드를 걸고 있는 경쟁 학원이 등장한다. C는 초등 수학 전문이라는 특장점만 내세우면 경쟁에서 밀리지 않을 거라고 보고 크게 신경을 쓰지 않았다. 그런데 경쟁학원이 오픈 기념으로 초등, 중등 학부모를 대상으로 2년 동안 초등, 중등 영어와 수학 두 과목을 21만 원에 가르쳐준다고 홍보하기 시작했다. 25만 원에 초등수학 한 과목을 가르치는 C원장님에게는 청천벽력 같은 말이었을 것이다. 예상대로 C원장님에게 아이를 맡기던 학부모중 학원을 옮긴다는 전화가 걸려오기도 했다.

> '그 가격으로 유지가 안 되어서
> 대기업 학원이 곧 포기하지 않을까요?'

C원장님의 사례를 얘기하면 많은 원장님들은 이렇게 반문한다. 맞는 말이다. 21만 원으로 2과목을 가르치면 대형학원은 수지타산이 맞지 않을 것이다. 그러나 이렇게 하는 2년 동안, 대형학원은 자본금이 있기 때문에 버틸 수 있다. 물론 C원장님은 나와 차별화된 전략을 세워 살아남을 다른 방법을 모색하였지만 대부분의 원장님들은 위와 같은 상황에 분명 운영이 흔들릴 것이다.

이런 상황은 전국 어디에서나 생길 수 있다. 내가 아무리 10년, 20년 학원을 운영해왔어도 언제 이런 방식의 대기업 학원이 들어와 치킨 게임을 벌인다면 나는 반드시 지고 만다. 그럼 어떻게 해야 할까?
이런 치킨 게임이 벌어지기 전에 우리 학원의 가치를 꾸준히 높여가는 작업이 필요하다. 마치 성 주변에 해자를 구축하듯, 누가 공격을 해와도 이길 수 없는 독보적인 가치를 만드는 작업을 미리 해두어야 한다.

위기 속에서도 누군가는 돈을 벌고 있다

얼마 전 학원 원장님들의 모임인 '학원 운영 브런치'에 참여한 적이 있다. 어려운 경기 속에서도 학원 매출을 늘리기 위해 분투하는 원장들을 마음으로 응원하고, 모임의 리더로서 조언을 제공하는 자리였다. 학원을 운영하다보면 아침부터 저녁 늦게까지 정신없이 바쁜 수업 일정이 이어진다. 그렇게 바쁜 와중에도 118명의 원장님들이 참석해서 강의를 경청했다. 생존하고자, 내 아이와 가정을 지키고자, 나아가 자기 인생을 지키려고 노력하는 원장님들의 노력이 눈에 보였을까, 그 절실한 마음이 느껴져 나 또한 그만큼 열성을 다해 학원 경영의 노하우에 대해 설명했다.

내가 만나본 원장들은 하나같이 절망했다. 작금의 현실이 그만큼 어렵다는 얘기였다. 하지만 원장님을 십분 이해하고 위로하면서도 나는 조용히 '팩트'를 말하곤 한다.

> "힘드시죠. 하지만 다들 그렇게 어려운 것만은 아니에요.
> 원장님과 비슷한 조건의 학원 중에서는
> 매출이 1~2천씩 나는 곳들이 꽤 많아요."

내 말을 들은 원장님들은 의심의 눈초리로 나를 본다. 원장님들은 대개 학원업계에 오랫동안 몸담아 온 분들이다. 단체 채팅방을 통해 정보 공유도 활발한 편이다. 어느 지역에 25평 남짓한 초등 수학학원이 있다고 하면 그곳에서 한 달에 매출이 어느 정도 나는지 대략 짐작하고도 남는다. "25평 학원에서도 월 1~2천의 매출이 날 수 있다"면서 근거 없이 말하면 사기꾼 소리 듣기 십상이다.

나는 매출 데이터를 보여주면서 실제로 사례를 들려준다. 원생이 3명밖에 없다가 갑자기 하루에 한 명 꼴로 신규 등록이 늘고 있는 거제도 원장님의 사례, 학부모들의 입소문으로 오픈 4개월 만에 손익분기점을 넘긴 부부 원장님들의 사례도 있다. 이런 자료를 보여주면서 설명하면 상대방은 그제야 "대체 방법이 뭐냐"고 자세를 고쳐 앉는다.

학원 성공의 절대 규칙

학원을 하면서 매출이 늘어나는 원장님들을 보면 공통점이 있다. 어떤 입지에 학원 공간을 임차했는지, 어떤 방식으로 마케팅을 했고 프로그램은 어떤 식으로 운영했는지, 경쟁 학원과는 어떻게 차별화했는지를 보면 희안하게도 '패턴'이 보인다. 아무리 학원 경험이 없는 원장님들도 이 과정을 거치면 바닥을 쓸던 매출이 어느 순간 하늘로 솟구쳤다. 그리고 나는 이를 '학원 성공의 절대 규칙'이라고 부른다.

내가 이 책에서 강조하는 점을 한 마디로 말하면 이렇다.
학원 경영에 성공하는 데는 일정한 규칙이 있다는 것.

전자칠판이나 여러 온라인 학습 도구 등 코로나19가 바꾼 학원의 풍경은 생존의 규칙을 바꾸었다. 학부모들은 더 이상 집에서 가깝고 오래된 학원이라고 해서 아이를 맡기지 않는다. 생각해보면 고객은 원래 까다로운 존재다. 고객의 입장에서 생각해보자. 삼겹살집에 가더라도 낸 돈 이상의 가치를 얻지 않는다면 발길을 끊게 되지 않는가. 학원도 마찬가지다.

원장님은 항상 저비용, 고효율 구조로 학원을 운영할 수 있을지 고민해야 한다. 그렇지 않고 '예전부터 해오던 일이기 때문에' '학교에서 가깝기 때문에'라는 단순한 이유로 학원을 운영하는 수많은 원장님들은 이미 시장에서 모습을 감추었고, 앞으로는 학원 문을 더 많이 닫게 될 것이다. 지금부터는 학원을 잘 운영하는 사람만이 살아남는 게임이다.

대형 학원은 버티는 데 선수다. 그렇게 하는 이유는 분명하다. 버티지 못하는 경쟁자가 사라지면 그때부터는 자신들이 독점할 수 있다는 걸 알기 때문이다. 그래도 학원은 절대 안 망한다고? 어린이집이 줄폐업하고, 동네 소아과가 줄폐업하는 것을 보라. 나는 다음 순서가 동네 학원이 될 거라고 예상한다. 위기의 도래를 직감했는데 지금 당장 이렇다 할 준비가 되어 있지 않다면 '안전벨트'를 꽉 조여매자. 일단 버텨야 하는 시기가 온 것이다. 그리고 지금부터라도 우리 학원의 차별화된 강점을 만들어야 한다. 가치를 높이는 작업을 시작해야 한다.

PART2.

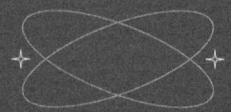

돈이 벌리는
슈퍼학원의 '절대 원칙'

> **WARMING UP!**
> 슈퍼학원의 원칙을 배우기 전에
> 반드시 알아야 할 것

●

지역을 탐색하자

나는 평소 백종원이 출연하는 '골목식당' 프로그램을 자주 본다. 망해가는 식당 사장에게 솔루션을 백종원이 하는 일이 업종만 다를 뿐, 나와 같다는 생각이 들어서 '한 수 배운다'는 생각에서다.

한 번은 된장찌개를 가성비 있게 5천 원에 파는 식당 사장님이 나온 적이 있었다. 그런데 백종원은 이 사장님의 말을 듣더니 이내 고개를 저었다.

"동네는 분석해보셨어요?"

백종원은 근처 동네가 어린 아이를 키우는 학부모들의 유동

인구가 많은 곳이라는 점을 파악했다. 그리고 5천 원짜리 단품 된장찌개 대신, 된장찌개와 돈까스 2점을 세트메뉴로 해서 8천 원에 판매해보자는 제안을 했다. 결과는 어땠을까? 가게가 대박이 났다.

차이는 겨우 돈까지 두 점에 불과했지만, 전혀 다른 결과가 나온 이유는 '지역 분석'과 그에 맞는 상품화라는 통찰력 때문이었다. 그리고 이는 학원 운영을 하는 우리들에게도 시사하는 바가 크다.

> "원장님 동네는 분석해보셨어요?"

나 역시 원장님들과 상담하면서 이런 경우를 자주 겪는다. 원장님에게 뭘 잘하느냐고 물어보면 '진심을 다한다' '관리가 꼼꼼하다'라고 말하지만 이는 실은 경쟁력이 아니다. 앞서 된장찌개 음식점의 사례처럼 지역 분석도 없이, 무작정 우리 학원의 강점을 얘기한다고 해서 그것이 곧 경쟁력이 되지는 않는다.

주변에 멘토를 두어라

원장님들과 상담을 하다 보면 현재 자신의 처지를 벗어나고 싶어하는 분들이 많다. 경제적 어려움을 겪고 있거나 학원 경영에 있어서 난관에 봉착한 분들을 보면 나 역시도 안타까움을 느낄 때가 많다.

세상에는 사람의 힘으로 어쩔 수 없는 일들이 있다. 몸이 갑자기 아프거나 사업에 실패하는 일은 누구나 원해서 맞닥뜨리게 된 건 아니지만, 우리 주변에서 비일비재하게 일어나는 일이기도 하다. 하지만 나는 정해진 운명 같은 게 아니라면 인간은 노력함으로써 어느 정도 인생을 바꿀 수 있다고 믿는다. 그리고 주변에 성공한 사람이나 멘토가 없어도 스스로 그렇게 인생을 더 나은 길로 헤쳐나갈 수 있다고 믿는다.

나만의 멘토를 두는 법

백종원 같은 사람을 몰라도 나에게는 보이지 않는 10명의 멘토가 있다. 이 멘토들 중에는 이미 세상을 떠난 사람도 있고, 더러는 내가 한 번도 만나본 적이 없는 사람들이다. 그래도 나는 이들과 숨쉬듯 대화하면서 당면한 문제를 풀어나간다. 그들은 바로 내가 존경하는 자기계발서의 작가들이다. '책속에 길이 있다'는 말을 나만큼 열렬히 믿는 사람도 없을 것이다.

사업하는 데 어려움을 느낄 때면 김승호 회장님의 책 〈사장학개론〉을 펼쳐 든다. 돈이 모이지 않고 한 곳으로 새는 느낌을 받을 때는 〈돈의 속성〉을 꺼내 읽는 식이다. 내가 겪는 문제와 관련되어, 내가 존경하는 작가들의 자기계발서를 읽다보면 그 안에 반드시 해결책이 나와 있다. 개인적으로 투자의 원칙이 흔들릴 때면 워렌 버핏의 주주 서한을 읽고, 앞으로 10년, 20년 후에는 어떻게 사업을 펼쳐나가야 하는지 고민될 때는 아마존 창업자인 제프 베조스의 〈발명과 방황〉을 읽는다.

제프 베조스는 '장기적인 관점'을 갖고 사업하는 것의 중요성을 역설하는데, 나는 이를 학원 경영을 할 때도 마음에 중심으로 삼는다. 단순히 학원을 열고 1~2년 반짝 운영이 잘 되는 것만 바란다면, 1~2년이 지난 이후에는 이렇다 할 원칙과 기준을 다시 찾아내야 한다. 애초부터 1~2년짜리 계획을 세웠기 때문이다.

하지만, 사업을 처음 할 때부터 10년, 20년 장기계획을 세워나가면 어떻게 될까? 단기적으로 1~2년 사이에 매출이 떨어질 때도 마음이 흔들리지 않는다. 내가 집중해야 할 목표가 뚜렷하기 때문이다

책을 읽다가 좋은 문구나 행동지침이 나오면 나는 24시간 이내에 즉각 이를 실천해본다. 예를 들어서 최근에는 중요하지 않은 일은 이메일로 답장하기를 실천해보는 중인데 그랬더니 불필요한 업무가 반으로 줄고 꼭 필요한 사람들과 긴밀히 소통할 수 있었다.
그 전에는 실시간으로 메일을 답하느라 정신이 없었다. 내가 실시간으로 응대하니까 상대도 그에 맞추어 소통하느라고 덩달아 많은 이메일을 썼다는 생각이 드니, 이렇게 과도한 소통이 오히려 불필요한 업무를 늘린다는 깨달음마저 생겼다.

꼭 실시간으로 답장하지 않더라도 중요한 일은 결국 처리가 된다. 이렇게 하루에 하나씩 그날 자기계발서를 통해 배운 것들을 실천해나가다보면 1년 쯤 지나면 놀라운 일이 벌어진다. 일은 점점 줄어드는데 매출은 점점 늘어나고, 내 발목을 잡는 것 같던 사람들이 전부 나를 돕는 파트너로 변했다. 나 스스로 생각하기에도 놀라운 변화였다.

단지 책에서 읽고 배운 내용을 하루에 한 개씩 실천하기만 해도, 인생이 놀랍도록 바뀔 수 있다는 걸 몸소 경험한 사람이 바로 나다.

지금도 인생을 바꾸고 싶다고 하는 원장님들께는 진지하게 1년만 책을 읽어 보라고 권한다. 나처럼 한 해에 100권 남짓한 책을 읽을 순 없더라도 한 해에 10권만 읽고 그 내용을 실천해서 삶에 적용하다보면 분명, 인생이 원하는 목적지로 나를 더 빨리 데려다줄 것이다.

여기서 중요한 포인트 하나는 책을 읽을 때는 목숨을 건 것처럼 읽으라는 것이다. 자기 전에 누워서 잠깐 몇 장을 훑어보는 것보다, 책상에 앉아서 메모용 노트를 펼쳐놓고 정자세로 읽으면 책을 글자로만 읽는 게 아닌 작가의 생각까지를 흡수할 수 있게 된다.

나는 처음 독서를 했을 때는 밤에 졸음이 오는 걸 막으려고 성냥깨비로 눈꺼풀을 들춰놓고 새벽까지 읽기도 했다. 어떤 작가가 책과 씨름할 때 그렇게 한다고 해서 똑같이 따라해본 것인데 실제로 해보면 굉장히 효과가 있다는 걸 알게 된다.

공부하고 독서하며 코칭을 따라올 준비가 되었다면?
이제부터 시작될 '슈퍼학원의 원칙'을 스펀지처럼
흡수할 준비가 끝난 것이다!

╋배경지식 알아두기╋

슈퍼학원의 원리에 대하여

먼저 이 원리는 여자 원장님들을 위해 특화했다는 점부터 밝혀두려고 한다. 내가 이렇게 정한 명확한 이유가 있다. 여자 원장님들은 남자 원장님들보다 위기에 취약하다. 능력의 문제라기보다는 상황과 인식의 차이인데, 가장이자 생계형으로 학원을 운영하는 비중이 많은 남자 원장님들에 비해 여자 원장님들은 그만큼 절실하지 않아서 그런 것 같기도 하다.

아이들을 가르치는 일에 있어서는 남자 원장님들보다는 여자 원장님들의 능력이 훨씬 더 뛰어난 경우를 나는 많이 봐왔다. 결국 교육업의 핵심은 잘 가르치는 것인데, 이런 능력을 가진 원장님들이 경제 여건이나 주변 학원과의 경쟁에서 밀린다는 이유로 학원 문을 닫는다면 안타까운 일이다. 따라서 학원이 알아서 돈이 벌리게 만드는 슈퍼학원의 원칙은 이러한 여자 원장님의 성향과 기질에 특화되어 있다.

슈퍼 학원의 원칙이 태동된 배경

처음에는 돈을 받지 않고, 경영이 어려운 원장님들에게 내가 알고 있는 걸 조건없이 알려주었다. 학원 홍보 전단지 꾸미는 것이나 블로그 글을 어떻게 써야 하는지를 알려주는 단순한 내용이었음에도 입소문을 타고 수십, 수백여 명의 원장님이 내게 연락이 왔다.

이렇게 알음알음 알려주기 시작한 것이 8개월 쯤 지나자 아예 단체 대화방이 생길 정도였고, 그 안에는 500명이 넘는 원장님들이 들어와 있었다. 이 안에는 내 경쟁 학원의 원장님들도 있고, 심지어 단순히 마케팅 노하우를 얻기 위해 들어와 있는 마케팅 대행사도 있다.

*사진 설명: 필자가 운영하는 카페. 800명의 현직 원장님들이 활발하게 활동 중이다. 비공개 카페이기 때문에 일부만 캡쳐를 했다.

하지만 알려주고 싶다, 는 마음이 있었기 때문에 이를 개의치 않고 꾸준히 강의를 해왔다. 누군가에게는 당연한 정보가 누군가에게는 따라하기 어려운 기초 지식일 수도 있고, 어떤 원장님은 잘해보고 싶은 마음은 절실한데 손이 따라와주지 못하는 경우도 있다.

현재 이 단톡방에서 활동하는 원장님들 중에는 말 그대로 '인생 역전'을 한 분들도 상당수다. 코로나에 퇴사하고 공부방을 열어 막막하던 때에 열공넘어성공을 통해 매일 마케팅 공부하고 남편보다 더 많이 벌게 된 부산 원장님, 교습소에서 학원으로 오픈 3개월만에 최고 매출을 매달 갱신하는 40대 원장님, 사람들이 가끔 "왜 그렇게 남을 잘 되게 하는 데 목숨을 거냐. 그래봤자 경쟁자 아니냐"고 하지만, 나는 그렇게 생각하지 않는다.

혼자서 끙끙거리면서 학원을 운영해봤던 경험 때문일까. 나는 예전의 내 모습처럼 헤매던 누군가가 성장하는 모습을 보면 희열을 느낀다. 그리고 이 과정에서 특정 소수만 알 수 있는 비법이 아니라, 누구나 원칙대로 하면 돈을 벌 수 있다는 점을 확인했을 때, 그 어느 때보다 보람을 느끼기도 한다.

진부한 말 같아도 나는 지금도 원장님을 만나면 그런다.

> "원장님도 할 수 있어요.
> 원장님은 누구보다
> 이 업을 오래 해왔고 사랑하시잖아요.
> 그 마음만 있으면 충분해요."

단, 공부할 마음만 있으면 된다. 오늘보다 내일 1cm라도 더 나아지겠다는 열정과 의지, 그 정도면 현재보다 수입을 2배까지는 못해도, 20~30% 늘리는 건 충분히 가능하다.

Rule 1

장기적인 목표부터 정하라

 CASE STUDY

지역: 서울 구로
사업 유형: 공부방
원장님 나이: 50대 중반
상황: 초등학생 대상으로 하여 월 700 정도 수익을 내고 있었으나 매출 증대를 위한 새로운 돌파구가 필요

Y 원장님은 50대 중반의 나이로 서울 구로구에서 반지하 월셋방에서 공부방을 시작해 월 700만 원이라는 수익을 만들 정도로 열정과 의지가 대단하신 분이었다. 하루종일 평일과 주말의 시간을 할애하여 돈을 벌고 있지만 더 뭘 해야 할지 몰라 고민인 원장님이었다. 이 단계에서 필요한 것이 무엇일지

내게 자문을 구했다.

"원장님은 목표가 뭐예요?"

나는 원장님에게 단도직입적으로 물었다. 내 질문이 낯설었는지 원장님은 잠시 당황하다가 이렇게 대답했다.

"저는 월 천 만원을 버는 사람이 되고 싶어요."

"그걸로 만족하시는 거죠?
학원으로 전환하고 싶거나 하는 게 아니라."

"맞아요, 상가 오픈은 두려운 게 많아요!
그런데 그게 왜 중요한가요?"

장기적 목표를 정해야 하는 이유

원장님 스스로가 본인이 어떻게 성장할지를 결정할 때 장기적 목표를 정하는 건 매우 중요하다. 수입이 월 천만 원을 버는 방식도 다양하다. 공부방에서 학원으로 바꿀 수도 있고, 공부방을 프랜차이즈 사업처럼 확장시켜나갈 수도 있다. 이처럼 여러 선택지가 있는데, Y 원장님처럼 사업장의 종류에 관계없이 장기적 목표를 매출에 두는 경우가 있다. 이런 유형의 원장님들은 마치 게임을 하듯이 자신의 수입을 차근차근 늘려가는 데 교육업을 하는 기쁨과 보람을 느끼곤 한다.

공부방 오픈 전 미리 알아두어야 할 것들

규모가 한정된 공부방에서 매출을 높이는 데는 한계가 있다. 공부방은 시간표에서 빈 시간이 없는 경우가 많아 시간표 조정을 하지 못하면 Y의 경우처럼 매출을 일정 수준 이상 늘리지 못하고 만다. Y는 이미 주어진 조건에서는 매출을 늘릴 수 있는 최선의 조건에 도달한 상태였다. 이런 상황에서 매출을 높이려면 어떻게 해야 할까.

가장 중요한 것은 '시간표 이동'이다. 예를 들어 월요일과 금요일에 4~5학년이 분산되어 몰려 있다면 금요일 학생들을 월요일 시간표로 옮겨주면 되는 것이다.

하지만 이 경우 금요일반에 참여하는 아이들의 학부모에게는 요일을 이동해야 할 필요성을 설명하는 게 중요하다. 요즘 아이들은 영어와 태권도 등 여러 학원을 다니기 때문에 시간표를 옮기는 게 보통 어려운 일이 아니다. 나는 상담이나 정기 평가를 통해 학부모들에게 아이들의 지도 방향을 권고하면서 요일 이동을 자연스럽게 이끌어내라고 조언하는 편이다. 실제로 반이 통합되었을 때 아이들의 성적이 오르는 경우가 많다.

이렇게 금요일 시간표 일부를 비워두고 여기에 금요일에 진행되고 있는 1~2학년의 모집 인원을 늘리거나 반을 추가한다면 학생들을 더 받을 수 있다.

매출을 목표 이상으로 높이는 법

어찌보면 월 700만 원에서 1000만 원으로 순수입을 늘리는 건 그리 어려운 일이 아닐 수도 있다. 수입을 두 배 이상 늘리려면 사업 운영 시스템 자체를 바꿔야 하지만, Y원장님처럼 전체 수입의 40% 정도를 늘리고 싶어하는 경우는 이처럼 현재의 시스템을 정비하고 마케팅 방식만 바꿔줘도 충분히 성과가 날 수 있다.

그리고 내 예상대로 Y원장님은 코칭 3개월 만에 월천 만원 이상의 성과를 거두었다. 중요한 건 그 다음 단계이다. 월천 만원 이상의 성과를 내려면 단순히 마케팅이나 운영 시스템 정비만으로는 한계가 있다. 나는 이 단계부터는 단순히 월 매출을 얼만큼 늘리는 것과 같은 수치보다는 "자신이 원하는 궁극적인 삶의 목표가 무엇인가"를 스스로 질문해보라고 말한다.

"저는 그런 꿈이나 목표는 없는데..."

대부분의 원장님들은 그날 그날 수업을 열심히 하면 매출이 오를 것이란 희망으로 살아간다. 학원이나 공부방처럼 아이들을 가르치는 업종은 대개 하루 일과가 바쁘게 돌아가기 때문에 장기적인 목표가 계획을 미처 생각하지 못하는 경우가 많다. 특히 원장님들의 나이대가 50~60대인 경우는 더더욱 그렇다. 그저 그동안 해왔던 것처럼 앞으로도 열심히 하면 미래에 보상이 주어질 거라는 긍정적인 기대감만 갖고 있는 케이스다.

하지만 나는 50~60대 원장님들에게는 더더욱 '장기적인 목표'를 강조한다. 지금까지의 삶을 돌아보고 앞으로 10년, 20년 뒤에 자기 인생을 어떻게 보내고 싶은지를 차분하게 생각하보도록 하는 것이다. 어쩌면 70대에는 다른 일을 하게 될 수도 있지 않을까? 10년, 20년 뒤에도 지금처럼 살아가는 게 불만이 없다면 괜찮겠지만, 뭔가 더 나은 다른 삶, 더 행복한 삶을 꿈꾸고 있다면 계획과 목표를 세워야 한다.

대부분의 원장님들이 이런 계획과 목표를 세워야 한다고 말하면 다들 중요성은 알고 고개를 끄덕인다. 문제는 시간이다. 낮에 수업을 하고 행정 업무를 처리하느라 정신없이 보내다보면, 이런 목표와 계획을 세울 여유가 없어진다. 당장 돈을 더 벌기 위해서 수업을 꽉꽉 채우는 것은 이해가 가지만,

이 또한 길게 보면 장기적 목표를 세우지 않고 달리는 셈이니 도착지를 모르고 고속도로를 달리는 것과 같다.

여러 가지 주제로 상담을 하다가도 상대편으로부터 "왜 그렇게 해야 하죠?"라는 질문을 들으면 다시 '목표'로 돌아오게 된다. 그렇기에 처음부터 명확한 나만의 목표를 정하고, 이를 학원 운영 전략에 반영하는 것이 중요하다. 그래서 나는 원장님들을 상담할 때 처음에는 오랜 시간 '목표 발견하기'에 공을 들인다.

성 대표의 실전 코칭

근무 요일별로 할 일을 정리하자

한 주 동안 근무하는 요일별로 내가 하는 일을 시간대별로 나열해보자. 만약 1인 원장님인 경우 자신이 하는 일을 전부 적고, 선생님을 채용한 경우는 선생님들이 하는 하루 업무를 상세히 적어보는 식이다. 이렇게 업무를 펼쳐놓고 보면 시간 대비 비효율적인 업무가 반드시 눈에 띈다. 예를 들어서 학부모에게 안내 문자를 보낼 때 시간이 9시 이전으로 설정된 경우는 이를 9시 이후로 옮겨두는 식이다. 학부모들에게 9시 이전은 학교 보내는 준비로 바쁜 시간이다. 학교를 보낸 후에 같은 단지 엄마들과 커피를 마시는 9~10시가 중요공지 혹은 학원의 좋은 소식을 알릴 좋은 타이밍이다. 학부모 알림이나 예약 메시지 등은 오전 9시~10시 보내두는 것이 효율적이다.

Rule 2

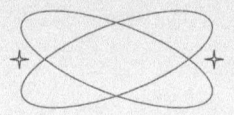

자기 상황에 맞게
운영 전략을 세워라

삶의 가치관이 저마다 다르듯 목표는 사람마다 다르다. 어떤 원장님의 경우, 돈을 많이 버는 것보다는 '워라밸'이 중요한 가치일 수 있다. 예를 들어 남편 월급으로 가정경제의 수입원이 충족된다면 학원 경영의 1차 목표가 꼭 돈을 많이 버는 것이 아닐 수도 있는 것이다. 최근에 만난 R 원장님의 경우도 그랬다.

> "저는 열심히 안 사는 게 목표예요.
> 제가 워낙 바쁘다보니
> 낮에 사람도 만나고 운동도 해야 하고,
> 저녁에는 일찍 자는 스타일이거든요.
> 저 같은 사람은 어떻게 학원을 운영하는 게 좋을까요?"

이런 경우는 처음부터 원장님이 수업을 안 하는 전략으로 가야 한다. 학원 규모도 강사수업 운영에 맞게 하고, 수익이 줄더라도 선생님을 써서 수업을 하게 한 다음, 원장님은 최소한의 행정 관리만 하는 식이다. 사람마다 학원 운영의 전략과 방향성이 다른 건 어찌보면 당연한 것 같다. 삶의 목표와 보유재산의 크기, 가치관에 따라서 목표의 크기와 방향이 제각각 달라질 수 있기 때문이다.

학원 원장님들은 서로 소통할 기회가 별로 없다. 하루종일 학생과 선생님들을 상대하다보니 트렌드의 변화를 잘 놓치는 것은 물론이고 스스로를 객관적으로 돌아볼 기회가 거의 없다. 학원 컨설팅을 받는 이유 중 "속마음을 털어놓고 상황을 객관적으로 볼 수 있어서 좋았다"고 하는 분들도 많다.

목표를 알면 정확한 판단을 내릴 수 있다

부산에 사는 W원장님의 경우 학원 오픈할 때 상가를 매입할 것인지 여부를 두고 고민하고 있었다.

> "2억 5천만 원을 주고 상가를 매매해야 할지,
> 아니면 다른 상가에 보증금을 내고 임대할 지 고민이네요."

적잖은 비용이 걸린 문제에 관해서 W의 득실관계를 명확하게 따져보기란 어려운 일이었다. 하지만 나는 이 경우에도 중요한 건 '내 목표와 관련지어 생각해보는 것'이라고 생각하고 이렇게 상담해주었다.

"부산에서 원장님이 선택한 지역은 구도심이에요. 그럼 2억 5천만 원을 투자해서 오랫동안 학원을 할 만큼 이 지역에서 오래 학원을 할 건지에 대한 명확한 판단이 있어야겠죠. 여러 지역에 공간을 임차해서 학원을 여러 곳 운영하면서 수익을 극대화할 거라면 임차를, 학원을 성장시켜서 이 자리에서 오랫동안 수업을 하고 싶다면 매입을 선택하면 되지 않을까요? 원장님의 목표는 어느 쪽에 가까우세요?"

W원장님은 사업 확장이 목표였기 때문에 결국 매입 대신 상가 임차를 결정했다. 처음부터 여러 학원을 운영하면서 수익을 극대화하는 것을 장기적인 목표로 정했기 때문에 선택이 비교적 쉬웠던 것이다. 40대 후반이라는 원장님의 나이도 변수였다. 10년 동안 한 상가에 매진하며 상가 값이 오르기를 기다리는 것보다는 여러 상가를 운영하면서 수익을 극대화하는 것이 기회비용 대비 효율이 더 낫다고 스스로 판단한 것이다. 이처럼 목표와 그에 따른 계획은 원장님들의 인생 계획과 맞물리는 포인트이기 때문에 반드시 시간을 들여 생각해봐야 하는 점이다.

단순히 "원생 모집이 잘 되었으면 좋겠어요"라는 건 이런 과정의 한 부분을 잘라서 단순화하는 것에 불과하다. 반대로 명확한 목표가 정해졌다면, 원생 모집을 얼만큼 해야 하는지, 왜 해야 하는지에 따라서 적절한 전략을 세우면 일의 진척이 빨라진다.

성 대표의 실전 코칭

목표별 학원 운영전략 정리

1) 학원을 확장하고 싶은 경우
2) 권리금을 받고 싶은 경우
3) 과목을 추가하고 싶은 경우
4) 강사를 고용하고 원장이 수업이 없는 경우

4가지 목표에 따라서 학원 운영전략은 모두 달라진다. 예를 들어서 권리금을 받는 게 목표인 경우 원장님은 최대한 수업을 하지 않고 인건비가 들더라도 강사와 상담실장을 고용하는 것이 좋다. 수업료는 동네평균보다 조금 저렴하게, 수업은 최대한 재미있는 학원을 만들어서 아이들을 많이 모으는 게 목표가 될 수 있다. 그래야만 추후 권리금을 많이 받고 학원을 매각할 수 있으니 말이다.

반면 학원을 확장하고 싶은 경우라면 원장님의 '맨 파워'가 가장 중요하다.

수업도 동네에서 가장 퀄리티가 높은 질로 끌어올려 학원비를 최대한 올려받는 것이 중요하다.

한 번은 나이가 60이 넘은 한 원장님이 마케팅도 따라해보고 열심히 운영하려고 노력하지만 좀처럼 매출이 늘지 않는다고 하소연했다. 나는 최대한 현실적으로 다음과 같이 조언을 했다.

> "방 두 칸짜리 학원으로 나가서
> 선생님 2명에게 수업을 시키고
> 원장님은 상담만 하세요.
> 보통 상가 계약이 2년이니까
> 4년 정도 운영하시면
> 권리금 2천만 원 정도를 받을 수 있어요."

그럼 권리금을 받은 이후에는 어떻게 할까? 만약 학원 운영에 대한 뚜렷한 비전이나 목표가 없다면, 여기에서 만족해야 한다. 원장님들에게 명확한 목표의 중요성을 거듭 강조하는 이유다.

Rule 3

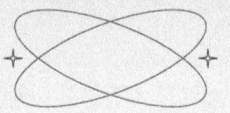

운영 초기에는
돈보다 시간을 벌어라.

장기적 목표를 세울 때 중요한 점은 목표의 중요성을 원장님이 마음으로 공감하고 자신의 잠재적 니즈를 실현할 마음가짐이 준비되어 있는가, 하는 점이다. 돈을 버는 방법은 알려줄 수 있지만 삶의 목표를 대신 세워줄 수는 있는 사람은 없다. 만약 지금 당장 목표가 없다면 어떻게든 시간을 내서 10년 뒤, 20년 뒤 목표와 꿈을 생각해봐야 한다. 그래야 지치지 않고 오랫동안 교육업을 할 수가 있다.

이렇게 마음을 먹었다면 낮에 시간을 벌기 위한 구체적인 계획을 세워야 한다. 그 전까지는 학원이나 공부방을 오픈하고 나 혼자 수업을 했다면 이제는 선생님을 뽑아서 수업을 분배하고, 나 없이도 수업이 돌아가는 시스템을 만들어야 한다. 이렇게 하면 내가 수업을 하지 않아도 되니 낮에 공부할 시간을 벌 수 있다.

꿈=라이프스타일

꿈은 뭐고, 목표는 어떻게 세워야 할까? 갑자기 목표를 세우라고 하면 당황하는 원장님들도 있다. 그러나 거창하게 생각할 필요 없다. Y 원장님은 평소에 내게 자주 하던 말이 있었다.

> "저는 낮에 은행 업무
> 마음 편하게 보는 게 꿈이에요."

처음에 꿈을 생각해보라고 했을 때 Y원장님이 당황하긴 했지만, 내게 그런 말을 했던 기억도 잊은 듯했다.
처음에는 반지하방의 공부방을 옮길 생각이 없다던 Y는 이전의 자신의 꿈에 대한 이야기를 나누며 다시 목표를 재설정 하고 이렇게 이야기 했다.

> "대표님,
> 저 학원을 하고 싶어요."

그리고 그 날 이후 Y와 나는 함께 학원 자리를 알아보기 위해 상가 매물을 보기 시작했고, 교사 채용을 시작했다. 중요한 건 무조건 교사를 뽑고 수업을 배정하는 게 아니다. 교사 배치를 어떻게 하고, 몇 명의 교사가 어느 정도의 수업을 해야만 내가 수업을 하지 않아도 지금보다 높은 수입을 달성할 수 있을 것인가, 하는 '설계'이다. 아무리 교사를 뽑고 학원을 크게 운영해도 순수입이 줄어드는 구조라면 굳이 학원을 확장해서 낼 필요가 없기 때문이다.

Y원장님은 나와 수차례 상담을 하고 고민을 한 끝에 50평 상가의 5층 상가 자리로 학원을 새로 오픈하게 된다. 처음에는 클래스 4개를 열어서 본인이 일부 수업에 참여했고, 3개월이 지난 시점부터는 수업을 모두 선생님들에게 인계하고 수업하는 시간으로부터 완전한 자유를 얻었다. 그리고 목표로 삼았던 매출보다 더 큰 매출을 달성했을 때 나는 원장님에게 말했다.

"내가 쉬고 싶으면 하루 쉬고, 은행에 가고 싶을 때도 언제든지 갈 수 있게 되셨죠? 원장님은 라이프스타일이 바뀐 거잖아요. 목표란 그런 거예요. 내가 꿈꾸는 라이프스타일을 실현하는 것. 계획은 그 라이프스타일을 실현하기 위해 내가 해야 할 일들을 하나하나 준비해나가는 것이구요." 오픈 3개월만에 월매출은 무려 2500만 원을 달성했다. Y원장님은 현재 낮에는 세미나를 듣고 책을 읽고 공부하면서 학원을 단계적으로 확장하기 위한 계획을 세우고 있다.

학원 운영 시스템을 만든다는 것

Y처럼 혼자서 일을 하다가 교사를 채용하려면 처음에는 부담이 생길 수도 있다. 앞서도 강조했지만 교사를 뽑는 이유가 막연하게 내가 혼자서 수업하기 싫으니까 선생님을 쓴다는 식이라면 대부분 운영에 어려움을 겪는다. 교사를 채용한다는 것은 업무 분담을 균형 있게 해낸다는 뜻인데, 이를 잘못하면 사람 간의 갈등관계를 겪으며 오히려 관리 업무가 늘어나고 비용만 나가는 악순환이 생긴다. 앞으로 설명하겠지만, 교사에게 수업을 잘하는 방법과 아이들을

관리하는 방법에 대한 것, 행정 업무에 대한 것까지 세부적으로 설명해주는 게 중요하다.

예를 들어 수업에 맞게 진도를 얼만큼 나갈 것인지, 수업 피드백은 어떤 방식으로 할 것인지 등을 매뉴얼화할 필요가 있는 것이다. 교사를 뽑는다고 해서 처음부터 모든 것이 자동화 된다는 것은 착각이다. 원장이 시스템을 구축하고 시행착오를 겪고 수정해갈 시간이 최소 3개월 필요하다. 이 또한 순서와 흐름이 있는데 내 경우는 3개월 동안 자연스럽게 이를 교체하는 시기로 삼고, 교사들에게 이를 공지하면서 수업 시스템을 만드는 기간으로 삼으라고 하는 편이다.

체질 개선의 고통을 감내하라

이 과정을 처음 겪는다면 솔직히 말해 결코 쉽지만은 않을 것이다. Y원장님은 학원을 시스템화해야 한다는 중요성은 알았지만, 이를 실행하는 과정에서 수 차례 고충을 토로하면서 울기도 많이 울었다.

학원을 임차하고 처음 인테리어 공사를 하는 경우만 하더라도, 공사 용어도 모르고 공간 구성을 어떻게 짜야 하는지 몰라서 힘들어한다. 인테리어가 끝난 다음에는 학원 수업 시간표를 짜는 단계로 이어지는데 이 또한 경험 없는 원장님이 혼자서 짜기 어렵다. 세상 모든 일이 그러하듯 월 수입이 늘어나는 과정에서 처음에는 일이 늘어나고 책임을 져야 할 일도 많아진다. 하지만 이는 초반에 감내야 할 통과 의례 같은 것이다. 시행착오가 없을 수 없지만, 이를 줄이고 싶다면 학원 운영 경험이 풍부한 주변의 도움을 받는 것도 방법이다.

고통 없이 결실만 누리려고 하는 건 욕심이다. 내가 원하는 삶이 무엇인지, 그 삶을 누리기 위해 지금 무엇을 해야 할지를 알았다면 그에 합당한 고통과 어려움도 감내해야 한다. 어떤 원장님들은 막연하게 성공한 원장님들을 부러워하면서 "나도 저렇게 되고 싶다"고 말하지만, 성공에 이르는 과정은 눈에 보이지 않는 수많은 어려움과 갈등을 극복한 뒤에라야 찾아오는 법이다.

간혹 내게는 메신저로 상담 요청을 오는 학원 원장님들이 있는데 가장 많이 듣는 말이 "어떻게 하면 우리 동네 1등 학원이 될 수 있나요?"이다. 나는 이렇게 답을 해준다.

> "원장님이 1등 학원 원장님이 어떻게 하루를
> 보내는지 알게 된다면 선택할 수 있게 되죠.
> 나 역시 그런 삶을 살아갈 각오와 준비가 되어 있다면
> 제가 원장님 학원 1등으로 만들어드리는 건 어렵지 않죠."

속도보다 방향이 중요하다

세상에 열심히 하지 않는 원장님은 없다. 자기 사업을 하면서 귀한 비용과 시간을 들이면서 노력하지 않는다는 건 생존경쟁에서 유지조차 할 수 없기 때문이다. 하지만 내가 말하고 싶은 건 '열심히'라는 의미 또한 상대적이라는 것이다. 나를 만나러 오는 원장님들의 사연을 들어보면 모두 '열심히' 살아가는 분들이었다.

그런데 왜 성과가 나지 않을까? 이유는 간단하다. 나보다 열심히 하는 사람이 더 많기 때문이다. 나도 열심히 한다고 생각했지만 세상에는 늘 나보다 열심히 하는 사람이 있게 마련이다.

경쟁자를 이기려면 그 사람보다 열심히 하거나, 그 사람보다 지혜롭게 잘하는 수밖에 없다. 중요한 건 방향이다.

Rule 4

예전에 알던
낡은 방식을 바꿔라

 CASE STUDY

지역: 서울 동작구
나이: 42세
창업 유형: 교습소
상황: 중고등 수학 교사 출신으로
초등 수학 교육을 강화하기 위해 교습소를
운영 중이었으며, 마케팅 및 장기 전략의
필요성 인식

T원장님은 전직 학교 수학 선생님으로 어릴 때부터 수학을 가르치는 것의 중요성을 누구보다 잘 아는 분이었다. T의 경우 아이들을 가르치는 사명감이 누구보다 강한 분이었는데 그랬기 때문에 공무원 신분을 내려놓고 학원을 오픈하는 것이다.

"학교에서 중고등학생들을 가르쳐보니까요.
영혼 없는 눈빛으로 앉아 있는 아이들을 보는 게
참 마음이 아프더라고요. 그래서 수학은 어디서부터
해야 제대로 할 수 있을까, 하고 생각해보니
초등학생 시기라는 걸 알게 되었어요."

T는 학교를 그만두고 공부방을 시작하면서 초등학생 아이들을 가르쳤다고 했다. 이후 교습소로 이전을 해서 '교육자 마인드'로 아이들을 가르치고 있는 상황이었다.

처음에는 T의 자녀들의 친구들을 모아서 알음알음 소개를 받는 식으로 수학 공부를 가르쳤다. 하지만 T는 단순히 공부를 잘 가르치는 것과 학원 운영을 잘하는 것은 별개의 문제라는 걸 알게 되었다. 마케팅과 연간 행사 등을 전혀 몰랐던 T에게 위기가 찾아온 건 당연한 일인지도 몰랐다.

현재 상황을 냉정하게 진단하기

T의 경우는 '교육자 마인드'가 훌륭한 자질인 동시에 걸림돌인 케이스였다. 아이들을 가르치는 것에 사명감이 불타다보니 교습소나 학원을 운영하는 데 경영의 요소가 필요하다는 걸 인정하기 어려웠던 것이다. 특히 수학 전공자이거나 T의 경우처럼 학교 선생님인 분들이 이런 변화를 두려워한다.

교습소나 학원을 장사나 사업이 아니라, 자신이 알고 있는 지식을 어떻게 하면 아이들에게 잘 알려줄 것인지에만 초점을 맞추고 운영을 하다보니 자칫 독불장군처럼 지역에서 고립될 위험이 있다. 이럴 때 나는 상대를 '구 세계에 갇힌 선생님'이라고 표현한다. 다행히 이분은 나의 솔루션을 흡수하였고, 지금은 교습소에서 학원으로 시스템+마케팅 활용하여 확장 오픈을 준비하고 있다.

"꼭 그렇게까지 해야 하나요?"

T는 처음에는 마케팅과 학원 운영 전략에 대한 내 설명을 듣고서 이렇게 반문했다. 그러나 지금은 생각이 180도 바뀌어 수학 교습에 대한 진정성과 함께 마케팅도 함께하면 학원이 잘

될 거라는 것이 T의 운영관이 되었다. 그리고 T는 곧 대기생도 잘 관리하는 교습소가 되었다. 그야말로 대기시스템까지 갖춘 곳이 된 것이다.

무엇보다 '마케팅' 자체에 대해서 '불꽃놀이'처럼 단발성 홍보 전략으로 인식하는 것을 바꿔야 한다.

학원 마케팅의 차별화 공식

보통 원장님들이 생각하는 마케팅이란 "제가 가장 친절해요" "우리 동네에서 수학을 제일 잘 가르쳐요"와 같은 추상적 다짐인 경우가 많다. 상담을 하면서 가장 많이 되묻게 되는 질문이 있는데, 이렇게 물어보면 원장님들이 대답을 거의 못한다.

> "원장님이 친절하고 잘 가르치는 분이라면,
> 제가 원장님 바로 옆에서 똑같이 친절하고 잘 가르치는데
> 학원비가 조금 더 싸다면 학부모들이
> 원장님네 학원으로 가야 할 이유가 뭘까요?"

남들이 보고 쉽게 따라 할 수 있는 건 '전략'이 아니다. 원장님이 경쟁자를 잘 밀어내는 데 남다른 전략이 있다면, 친절하고 잘 가르치는 수학 학원이라는 타이틀만으로도 마케팅이 될 수 있을 것이다. 하지만, 요즘처럼 온라인으로 입소문이 빨라진 시대에는 남다른 차별화 전략이 없으면 학원이 잘 되다가도 순식간에 경쟁자들에게 둘러싸여 매출이

추락하는 일이 비일비재하다. 그렇다고 학원 마케팅이 마냥 어려운 것이냐 하면 그렇지도 않다. 단계와 순서를 알면 누구나 우리 학원만의 차별화된 포인트를 만들어낼 수 있는데, 그 과정을 나는 총 2단계로 나누어 설명한다.

• 1단계: 어떤 학년을 특화할 것인가

몇 년 전까지만 해도 초등 수학전문, 이라고 하면 그럭저럭 차별화가 되었던 시대가 있었다. 지금은 아니다. 곳곳에 초등수학 전문 학원들이 즐비하다. 앞서도 말했듯 누구나 말할 수 있는 차별화는 차별화가 아니다. 타깃을 한 번 더 세분화할 필요가 있다. 초등학교 1학년이라면 1학년 전문, 그중에서도 맞벌이 혹은 사립초 혹은 다문화 등 더 세분화된 타깃을 세울 수 있다. 또 6학년이라면 시기에 따라 '예비중 전문학원'으로 특화할 수도 있다. 내신성적을 중시하는 고학년을 타깃으로 하느냐, 아니면 선행학습이 중요한 저학년을 중심으로 할 것인지에 따라서도 특화 전략이 달라진다. 무작정 '초등수학 전문'이라고 하기보다 원장님이 가장 자신 있는 학년을 대상으로 하자. 학년 중에서도 내 지역에 특성을 살펴보고 학부모의 니즈에 따라 더 세분화하면 좋다.

우리 학원 강점 만들기란?
나만의 특성을 곱하기 하는 것

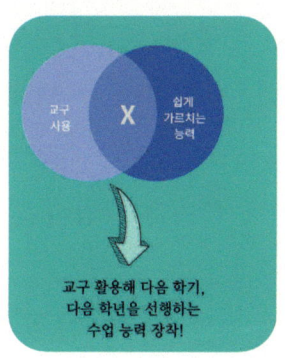

선행을 촉구하는 수도권과 달리 지방의 경우는
학기 테스트를 통해서 복습의 중요성을 강조하는 것도 전략이다.
거제도에 있는 한 원장님의 경우 마이너 1.5배속으로 수업을 하는 장점을 살려
직전 학기에 대한 개념이 형성되면 단원 평가표를 나눠서 보여주는 식으로
학부모들의 신뢰를 얻고 있다.

• 2단계: 프로그램이 아닌 나만의 강점을 찾아라

"우리는 OOO 프로그램을 쓰거든요." 원장님들 중에는 프로그램이 차별화 포인트라고 생각하는 분들이 정말 많다. 하지만 프로그램은 단순히 누구나 도입만 하면 되는 요소로 장점이 될 수 없다. 강점이란 말 그대로 '나만 할 수 있는 포인트'이다. 예를 들어 초등수학을 하면서도 중등 진도를 빠르게 나가는 선행 학습에 강점이 있다면, 이를 포인트로 삼아서 마케팅을 해야 한다.

동작구에서 학원을 하는데 바로 옆 동네인 강남서초의 학습 시스템을 벤치마크해서 '동작구에서 만나는 강남 학원'이 특장점이 될 수도 있다. "저는 이런 특장점도 없는데요."하는 분들에게도 장점은 분명 있다. 가령 '수학쓰기 매일1장으로 중하위권도 서술형 강화 레벨업이 가능한'이라는 특장점도 만들어낼 수 있다.

똑같은 초등수학을 가르쳐도 나만의 강점은 여러 방향으로 특화할 수 있다. 학교 교과 수업을 잘 가르치는 사람인지, 교구를 활용해 사고력을 길러주는 스타일인지, 혹은 심화 클래스나 선행학습을 잘하는지 등에 따라서 강점은 나뉠 수 있다. 앞서 프로그램 자체만으로는 강점이 될 수 없다고 했는데, 프로그램을 어느 연령대에 특화시켜 사용하는지는 강점으로 삼을 수 있다. 중학생에게만 맞는 프로그램을 짜는 것 또한 충분히 강점이 된다. 원장님이 사용해온 브랜드나 경력을 적절히 활용하여 자신만의 강점을 프로그램에 녹여내는 식이다.

이렇게 2단계로만 생각해봐도 우리 학원만의 강점이 쉽게 도출된다. 그리고 이때에도 최종 목표를 염두에 두고 마케팅을 해야 한다는 점 염두에 두자.

매출을 늘리는 방법은 다양하다

T의 경우는 원생들이 마감된 이후 대기가 발생한 상태에서 무엇을 할 것인가, 하는 고민을 시작했다. 마감 후 대기가 생기고부터는 아무리 광고나 마케팅을 많이 해도 아이들이 들어올 수 없는 구조이기 때문이다.

"이 상태로 내가 하루종일 계속 수업을 하면서
매출을 유지할 것인가?"

"아니면, 학원을 분원을 내어서
한 곳을 더 운영해볼 것인가?"

무조건 확장 전략을 택한다고 해서 그 방향이 옳다고 볼 수는 없다. T의 경우는 상도동에서 교습소를 운영하고 있었기에 주변 월세가 상대적으로 비싼 편이었다. T 역시 당장 학원을 열 만한 자금의 여유도 없는 상태였다. 무엇보다 T의 성향 자체가 수줍은 I 성향이었기에 강사들을 고용해서 규모를 늘리기에는 한계가 있었다.

이런 경우는 어떻게 해야 할까? 원장님이 성장할 니즈는 분명한데, 주변 여건이 여의치 않는 경우 말이다. 나는 이럴 때에는 반드시 오프라인 쪽에만 시선이 매몰될 필요는 없다고 생각한다. 본인이 성장하고자 한다면 온라인 쪽으로도 매출을 낼 수 있는 방법이 있다.

나는 T에게 자신의 성과를 두고 다른 원장님들을 가르치는 강의를 하거나 콘텐츠를 만들어서 또 다른 파이프라인을 만들어보는 건 어떠냐고 제안했고, T는 이 제안을 흔쾌히 수락했다. 다른 사람에게 자신이 알고 있는 지식을 알려주는 것은 T의 재능이기도 했고 성향에도 잘 맞았다.

나는 T에게 자신의 운영 방식을 콘텐츠화하는 방법, 이를 원장님들에게 강의하기 위해서 줌(Zoom)이나 구글 밋(google meet)과 같은 온라인 화상 회의 프로그램 사용법을 알려주었다. 제대로 된 강의 콘텐츠를 만드는 일에도 전략과 준비가 필요하다. 강의안을 만드는 법, 강의 대상을 정하고 모집하는 법, 커리큘럼을 기획하는 법을 코칭하면서 T는 '학원 코칭 강사'로 거듭나기 시작했다. T는 현재 초등부 원장님들을 대상으로 학원 운영 방법 및 성공 전략을 알려주는 강사로 부수입을 얻고 있다. 1명당 50만 원 가량의 수업료를 받고, 여러 명을 가르치고 있는 T의 부수입은 학원 운영을 통한 매출과 맞먹는다.

온라인 강의의 확장성

온라인으로 학생들을 가르치는 것으로도 확장성을 만들어낼 수 있다. 예를 들어 해외에 파견나간 주재원의 자녀들이 훗날 한국에 돌아와 학교 수업에 적응하기 위해서 한국식 수학 수업을 듣고 싶어하는데 외국에는 이런 학원이 별로 없다. 이런 학생들을 대상으로 마케팅을 하면 온라인 수업만으로 큰 수입을 얻을 수 있다. T 역시 내 조언에 따라 이 학생들을 대상으로 수업을 했고, 또 다른 수입원을 만들어낼 수 있었다. 시야를 넓히자. 온라인이든 오프라인이든 강의를 듣고 배우려는 수요는 무궁무진하다. 중요한 건 이런 수요에 맞게 내 강점을 특기로 조합시켜서 내 팬이 되어줄 사람을 모으는 것이다.

작은 학원의 강점을 살려라

원장님들은 "우린 대기업 브랜드도 아니고..."라는 말씀을 자주 하신다. 그 말에는 '대기업과 비교해서 상대적으로 규모가 작은 1인 학원이 뭘 할 수 있겠느냐'는 의구심이 있는 것이다. 그럴 때마다 나는 다윗과 골리앗의 비유를 든다. 성경에 나오는 다윗이 작은 돌팔매질로 거구의 골리앗을 쓰러뜨릴 거라고 믿었던 사람은 아무도 없었다. 그러나, 다윗은 자기 강점을 잘 알고 있었고 골리앗과의 근접전보다는 먼 거리에서 돌을 던져서 급소를 명중시키는 전략을 써서 성공했다.

이처럼 작은 학원도 분명 대형 학원이 쉽게 따라오지 못하는 특화된 강점이 있다. 다만, 이를 찾거나 발견하려는 노력을 해보지 않아서 낯설 뿐이다.

어떤 제도를 만들거나 전략을 실험할 때도 그렇다. 대형 학원은 작은 변화 한 번에도 수강생에게 직격탄이 가기 때문에 전략을 쉽게 바꾸기 어렵다. 반대로 작은 학원은 원생이 작으니 시장 변화에 따른 마케팅 전략을 우리 학원에 맞게 수시로 바꿀 수 있다.

성 대표의 실전 코칭

DB관리가 중요한 이유

마케팅은 과학이다. 설령 우리 학원에 상담만 받고 돌아간 학부모들이라도 DB(연락처, 이름 등)가 남아 있다면 주기적으로 자료를 발송하거나 안내 문자를 보내두자. 내 경험상 이렇게 관리만 해줘도 신규 원생이 늘어난다. 예를 들어 10명에게 매주 안내 문자를 보냈는데 1명이 문의가 왔다면, 나머지 9명을 월 1회 자료를 보내는 그룹으로 다시 목록화하는 식이다. "문자를 보내지 말아달라"고 답하는 학부모는 DB에서 삭제한다.

Rule 5

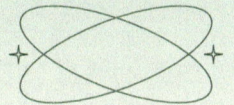

잘 되는 과목으로
과감하게 갈아타라

> **CASE STUDY**
>
> 지역: 안산
> 나이: 언니(40대), 동생(30대)
> 창업 유형: 수학 학원 (업종 변경)
> 상황: 음악 전공자 출신 자매가 예체능
> 불황으로 인한 위기 속에서 수학 학원으로
> 전환, 마케팅과 프로그램 운영 전반을
> 새롭게 배우며 정착

수학 과목은 앞으로도 경기를 타지 않는 과목으로 인기를 끌 것이다. STEAM 교육이 강조되는 국제적 추세만 보더라도 창의적 인재 양성을 위한 필수 과목이 수학이기 때문이다. 이 때문에 어떤 과목으로 학원을 열어야 하느냐고 묻는다면 나는 주저없이 "수학학원을 하라"고 권해준다. 이것이 호랑이 등에 올라타는 것이 때문이다.

5~10년을 내다본다면 어떤 선택을 할 것인가

Y 자매의 언니는 음악을 전공했다. 언니는 외국에 오랫동안 유학을 다녀올 정도로 음악에 대한 열정이 컸다. 이런 경력을 배경으로 안산에서 음악학원을 운영하며 나름 지역에서 자리를 잘 잡고 있는 상태였다. 하지만 경기 불황으로 엄마들이 예체능 교육에서 지갑을 닫는 게 느껴져서 어느 날 위기감을 느끼고 상담을 신청한 케이스였다.

당시 자매의 학원은 나름대로 잘 되고 있는 상태였는데도 둘은 "향후 5년을 내다봤을 때 업종 변경이 필요할 것 같다"고 입을 모았다. 예나 지금이나 똑똑한 사람들은 현재가 아닌 미래를 한 발 내다보고 준비하는 것 같다.

자매는 처음에 수학 학원이 아닌 뷰티 관련 창업을 하려고 한다면서 말문을 열었다. 나는 자매의 얘기를 듣고 이렇게 조언해주었다.

> "교육업을 하던 사람이 다른 사업을 배워서
> 하기란 쉽지 않아요. 기왕에 음악학원으로 경력이 있으시니
> 차라리 수학학원으로 종목을 바꿔보면 어떠세요?"

불경기 때문에 음악학원을 정리하려고 한다면, 경기를 잘 안 타는 업종을 택해야 할 것이다. 그런데 뷰티 분야 또한 불경기에 매출이 가장 먼저 꺾이는 업종이 아닌가. 내가 학부모라면 경기가 어려우면 네일숍을 덜 가지 아이 수학학원비를 줄이지는 않을 것 같다. 하지만 오랫동안 음악학원을 해왔던 Y자매는 최종 결정에 고민이 많았던 것 같다. 한동안 연락이 오지 않아 포기했나, 싶었는데 며칠 뒤에 연락이 왔다.

> "저희 수학학원을 해보기로 결정했습니다.
> 그런데 수학은 한 번도 가르쳐본 적이 없어서
> 혹시 학원 오픈하는 걸 도와주실 수 있나요?"

매뉴얼대로 준비하라

학원 문을 닫는 것도 어렵지만, 문을 닫으면서 새로운 학원 오픈을 동시에 준비하는 건 더 어려운 일이다. 이럴 때 중요한 것은 '매뉴얼'이다. 나는 Y자매에게 수학학원 오픈 3개월 전부터 해야 할 일을 목록화해서 알려주고, 되도록 이 일정을 지켜서 준비하도록 조언했다. 두 사람은 수학 프로그램을 배우고 수업 진도를 이끄는 법 등을 3개월만에 배우기로 하고 도전했다. 일반적으로 준비하는 기간치고는 무척 짧았지만 자매는 그만큼 간절했고 나는 학원 운영 경험이 있는 두 사람이라면 충분히 가능할 거라고 생각했다.

학원 운영을 해봤다고 하더라도, 다른 과목을 가르치던 원장님이 수학학원을 운영하는 건 쉬운 일은 아니다. 불가능한 것까지는 아니지만, 적잖은 노력이 필요하다. 공부를 해야 하는 건 물론이고, 음악학원에서 쓰던 말투와 제스처까지 바꿔야 하니 기본적으로 성격을 바꾸는 것만큼이나 눈물겨운 노력을 해야 한다. 하지만 아이들을 가르쳐본 경험, 학부모를 상대해본 경험이 있으니 충분히 가능성이 있었다.

비전공자도 상관 없나요?

간혹 수학을 전공하지 않았는데 수학학원을 해보려는 분들이 묻는 질문이다. 결론부터 말하자면 상관 없다. 내가 아는 초등수학 학원 원장님들은 대부분 수학 전공자가 아니다. 공부방으로 시작해서 아이들을 잘 가르쳐본 사람이라면 초등수학 학원을 하는 데 문제가 없다. 나 역시 18년 간 학원을 운영해왔지만 수학 전공 여부를 묻는 학부모는 딱 한 명밖에 없었다. 학부모 입장에서는 전공을 했겠거니 하고 여기기 때문에 크게 신경 쓸 필요는 없다. 만약 전공 여부를 묻는 학부모가 있다면 "저희 선생님들 중에는 수학 전공자도 있고 아닌 분도 있지만 교육 관련 일을 해왔거나 전공을 하신 분입니다."라고 말하면 그만이다. 여기에서 물론 수학 지도를 위한 연구와 공부는 필수라는 점은 기본이라 따로 말하지 않겠다.

단기간에 매출 1천만 원을 달성한 비결

Y자매가 열심히 노력했다고 해도 학원 오픈 과정이 얼마나 힘들었을지는 굳이 부연하지 않아도 짐작할 수 있을 것이다. 학원 오픈 준비는 8할이 노력인 만큼 둘은 작은 실수 하나까지도 줄이기 위해 끊임없이 노력했다. 결과는 어떻게 되었을까? 2024년 4월에 학원을 열어서 1년이 채 되기 전에 매출 1천만 원을 찍었다.

그 과정에서 나 역시 본의 아니게 적잖은 관여를 하게 되었다. 자매는 학부모 상담이라고 할라치면 어떤 말을 해야 할지 몰라 수시로 내게 전화를 걸어왔다.

> "대표님, 지금 4학년 학부모 한 사람이 왔는데
> 테스트 결과지에서 3개가 틀렸어요.
> 이럴 땐 뭐라고 답해야 해요?"

아무리 열심히 연습해도 실전은 예상치 못한 돌발상황이 늘 있게 마련이다. 나는 마치 오은영 박사처럼 전화로 세부 행동지침을 코칭했다.

광고 없이 높은 매출을 낼 수 있었던 이유

수학학원은 지역 맘카페와 협업을 해 광고를 하는 경우가 많다. 하지만 Y자매가 학원을 오픈한 지역 맘카페에서는 "지역 오픈 후 6개월 간은 광고 신청을 받지 않는다"는 게 규칙이었다. 6개월 간 폐업하는 학원이 속출하면 광고를 한 맘카페 신뢰도 역시 추락하기 때문에 내린 조치인 듯했다. 이런 상황에서 Y자매는 처음에 보수적인 전략을 세웠다.

> "6개월 동안은 월세 내고 관리비만 내고
> 최소한의 생활비만 낼 정도로 버텨보자.
> 그리고 맘카페 외의 광고들에 집중해보자!"

그런데 기대 이상의 성과가 난 것이다. 지금은 각종 수학 경시대회나 단원 평가에서 100점을 맞는 사례들이 속출할 만큼 지역에서는 인정받는 학원으로 자리잡을 수 있었다.

Rule 6

새로운 선택을 반복하라

 CASE STUDY

지역: 경기 고양
나이: 40대 후반
창업 유형: 1인 학원
상황: 기존 학원 운영에서 새로운 강의를 준비하며 성장을 모색

"지금 이걸 꼭 해야 하는지는 잘 모르겠어요. 하지만 해보고 싶기는 해요."

M 원장님은 상담 과정에서도 계속 망설이고 있었다. 경기도 고양시에서 1인 학원을 운영하는 M 원장님은 기존의 학원 운영에서 안정감을 느끼고 있었지만, 동시에 '이대로 괜찮을까?'라는 불안감도 안고 있는 상태였다. 수학 강의를

새롭게 준비해보고자 하는 M 원장님의 숙제는 단순히 한 과목을 더 추가하는 것이 아니라, 학원의 미래를 다시 설계하는 일이었다.

M 원장님은 기존에 이미 수학과 영어를 함께 가르치며, 학원 매출이 안정된 상태였다. 아이들의 성적도 꾸준히 오르고 있었고, 학부모 상담에서도 크게 불만이 나온 적은 없었다. 하지만 M 원장님은 오히려 이 상황을 불안해하고 있었다.

> "아이들 성적이 올라가는 건 좋은데,
> 뭔가 더 해보고 싶어요.
> 혼자서 학원을 하다보니
> 언제 매출이 떨어질 지도 모르겠어요.
> 강의를 하나 더 열어보고 싶기도 하고…
> 그런데 솔직히 어떻게 시작해야 할지 모르겠어요."

원장님은 '현재를 유지하는 것'과 '학원이 더 성장하는 것' 사이에서 갈팡질팡하고 있었다. 학원을 운영하다 보면, 모든 원장님은 언젠가 이 갈림길에 선다. '지금 이대로도 충분한데,

뭔가 더 나아가고 싶은' 마음. 하지만 동시에 '괜히 새 걸 하려다 망하면 어쩌나' 하는 두려움도 함께 온다.

새로운 강의를 준비할 때 해야 할 일

M 원장님이 준비하려고 했던 새로운 강의는 '기초수학'이었다. 주로 중학교부터 수학을 시작하는 아이들을 대상으로 하는 이 강의는, 그동안의 학원 스타일과 조금 달랐다. M 원장님은 "내가 이걸 직접 가르칠 수도 있고, 다른 선생님을 채용할 수도 있을 것 같은데… 혼자 하려니 조금 막막해요"라고 말했다. 나는 M 원장님에게 이렇게 조언했다.

> "새로운 강의를 열 때 가장 먼저 해야 할 일은,
> '내가 혼자 다 할 필요는 없다'는 생각을 갖는 거예요.
> 그리고 새로운 과목이 학원의 정체성을 해치지 않도록
> '내 강점'과 연결 지어야 해요."

첫째, 왜 이걸 하고 싶은지를 명확히 해야 한다. 단순히 매출을 늘리기 위해서가 아니라, 내 학원의 강점과 어떻게 연결되는지

고민해야 한다.

둘째, 내가 직접 할 수 있는 범위와 외부 도움을 받을 부분을 나눠야 한다. 1인 학원의 경우 모든 걸 혼자 하려다보면 지치기 쉽다. 오히려 선생님을 고용하거나, 온라인 강의로 일부를 대체하는 등 구조를 설계하는 게 효율적이다.

M 원장님은 평소에도 아이들을 꼼꼼히 관리하는 것으로 유명했다. 하지만 학부모 상담이나 홍보 쪽에는 자신감이 없었다. "내가 수업을 잘한다는 건 아는데, 그걸 어떻게 알릴지 모르겠다"고 솔직한 고민을 내게 털어놓았다. M원장님뿐만 아니라 많은 원장님들이 이 지점에서 머뭇거린다. 나는 원장님에게 이렇게 말해주었다.

> "학부모들은 '우리 원장님이 새로운 걸 배우고,
> 새로운 시도를 하는 사람이다'라는 걸 들으면 오히려 더 신뢰를 가져요. 그 과정을 자연스럽게 학부모와 나누는 게 중요해요."

기존 수업 시스템에 영향을 주지 않을까?

M 원장님은 조금씩 마음을 열기 시작했다. "사실 새로운 걸 배우는 게 설레기도 해요. 근데 동시에 겁이 나요. 내가 잘할 수 있을지, 혹시 기존 수업에 방해가 될까 봐…"라고 말했다. 나는 "새로운 수업을 열어도, 기존의 시스템이 무너지지 않도록 단계별로 준비하면 된다"고 강조했다. 실제로 M 원장님은 강의를 준비하는 동안 기존의 수업 시간을 최대한 건드리지 않고, 여유 시간을 쪼개어 강의안을 만들었다.

이 과정에서 M 원장님은 스스로도 몰랐던 강점을 다시 발견하기도 했다. "아이들이 질문을 하면 예전에는 그냥 답만 해줬는데, 이제는 '왜 그걸 궁금해하는지'까지 생각하게 돼요. 새로운 수업 준비를 하다 보니, 내가 수업을 더 깊게 보게 되는 것 같아요."

이렇게 스스로를 객관적인 관점에서 검토해보고 더 나은 방향으로 성장하기 위해 무엇을 해야 하는지를 고민하기 시작했다는 것은 긍정적인 신호다.

원장이 성장을 멈추면 학원의 성장도 멈춘다

처음에는 '괜히 새로 시작했다가 힘들어지면 어쩌지'라는 두려움이 컸다. 하지만 M 원장님은 이 과정을 통해 힘들어도 성장하는 길을 택했다. 나는 원장님의 말을 듣고 깊이 공감했다.

> "맞아요. 이게 바로 학원이 발전하는 길이고,
> 원장님이 성장하는 길이에요."

학원은 원장님의 거울이다. 원장님이 멈춰 있으면 학원도 멈춘다. 원장님이 배우고 바뀌면, 학원도 자연스럽게 변화의 기회를 맞게 된다. M원장님처럼 작은 학원을 운영할수록 변화가 큰 기회가 된다는 점 기억하자.

특히 규모가 작은 학원은 오히려 변화를 실험해보기에 유리하다. 대형 학원은 작은 변화에도 수강생이 민감하게 반응하기 때문에 전략을 쉽게 바꿀 수 없지만, 1인 학원은 더 유연하다. 강의 방식, 상담 방식, 마케팅을 바꿔보며 '나에게 딱 맞는 운영 전략'을 찾을 수 있다.

M 원장님의 새로운 강의는 오픈하자마자 예상보다 좋은 반응을 얻었다. 학부모들이 "원장님이 이런 수업도 해주시니, 아이가 더 재미있어해요"라는 피드백을 보내왔고, 기존 반 학생 중 일부도 새로운 강의에 관심을 보였다. 매출 자체가 폭발적으로 오르진 않았지만, M 원장님은 "내가 새로 배우고, 시도해보는 것 자체가 큰 가치였다"며 뿌듯해했다.

나는 상담을 다니면서 M 원장님의 이야기를 다른 학원 원장님들에게도 꼭 이야기하는 편이다. 새로운 걸 시도한다는 것은 매출을 올리는 것 이상의 의미가 있다. 그것은 원장님의 성장 여정에서 '새로운 좌표'를 찍는 일이기도 하다. 다행스럽게도 M 원장님은 그 좌표를 찾았고, 그 안에서 다시 성장할 준비를 하고 있다.

성 대표의 실전 코칭

시험을 치는 방법

테스트에도 여러 종류가 있다. 먼저 학원에 상담을 하러 온 학생에게는 레벨 테스트를, 등원 이후에는 주기적으로 단원 평가를 하고 이와 별도로 정기 평가를 진행한다. 보통 원장님들이 레벨 테스트와 단원 평가는 하지만 정기 평가를 하는 경우가 드문데, 이는 학원 수업 스케줄 관리 측면에서 매우 중요하다. 특히 아이들의 수업 시간을 조정해야 하는 경우 정기평가 결과를 통해서 반을 이동시킬 수 있는 명분이 되기도 한다. "어머님, 하윤이는 A반으로 옮기면 수학 점수가 조금 더 오를 수 있을 것 같아요" 이렇게 안내만 해주면 학부모는 반 이동이나 요일 이동에 흔쾌히 동의할 수 있다. 지금은 바로 변동해주지 않더라도 정기적으로 정기평가/레벨에 따른 반 변경 안내가 나가다보면 언젠가 운영에 적합한 시간표가 완성되어 간다. 또 이렇게 반이 주기적으로 변동되면 강사가 그만두는 상황에서 학부모의 민원을 자연스럽게 방지할 수 있기도 하다. 특히 이런 이유로 학부모에게 피드백을 할 때는 엑셀로 표를 만들거나 별도의 보고서 양식으로 보내는 게 좋다는 점 참고하자.

Rule 7

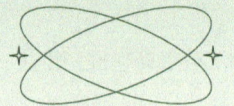

운영을 시스템화하라

> **CASE STUDY**
>
> 지역: 인천 연수구
> 나이: 50대 초반
> 창업 유형: 교습소
> 상황: 성적 향상이라는 목표로 출발했지만,
> 그 안에서 발견한 새로운 기회와 확장성을
> 모색 중

인천 연수구에서 교습소를 운영 중인 K 원장님은, 언제나 "성적을 올리는 게 내 사명"이라는 소신을 가진 분이었다. 수업만 잘하면 학원이 잘될 것이라는 믿음은 변함이 없었고, 실제로도 성실히 수업을 준비해왔다. K 원장님이 말하길, "솔직히 수업 말고 다른 건 잘 몰라요. 저는 아이들 가르치는 게 제일 좋아요."
그런데 어느 날, K 원장님은 내게 이런 고민을 털어놨다.

> "대표님, 우리 학원이 반마다 학생은 다 찼는데,
> 수익은 생각보다 많지 않아요. 저는 계속 수업만 했는데,
> 뭔가 잘못하고 있는 걸까요?"

운영 시스템이 필요해지는 순간

나는 그 이야기를 듣고 K 원장님이 '시스템화'라는 개념을 아직 접해보지 못했다는 것을 느꼈다. 작은 교습소이지만, 교습소 운영도 결국 사업이다. 그리고 사업에는 '운영 시스템'이라는 것이 필수적으로 필요하다.

작은 교습소는 보통 원장님의 수업 역량으로만 돌아가는 경우가 많다. 하지만 이 구조는 원장님의 건강이나 컨디션, 개인 일정에 따라 언제든 흔들릴 수 있다. 시스템을 만들어야 학생 관리, 학부모 상담, 마케팅 등 여러 요소가 유기적으로 움직이고, 원장님이 '수업'에만 집중할 수 있는 환경이 된다.

나는 K 원장님에게 '시스템화'의 필요성을 설명했다. "원장님이 수업만으로도 충분히 성과를 내고 계신 건 맞아요. 그런데 원장님이 매일 밤늦게까지 직접 상담하고, 교재도 직접 만들고… 이런 식으로는 절대 오래 못 가요. 운영의 일부를 '시스템'에 맡기셔야 해요."

직감보다 숫자를 믿어라

K 원장님은 처음엔 "저는 그냥 제가 하는 게 제일 마음이 편해요"라고 고개를 저었다. 하지만 내가 하나하나 데이터를 보여주며 설명하자, 조금씩 마음을 열었다. 예를 들어, "이 반은 월요일에만 수업이 있고, 금요일엔 비어 있잖아요. 이 빈 시간을 다른 학년으로 채워보면 월 수익이 이 정도로 늘어나요." 이런 식의 시뮬레이션은 K 원장님에게 '숫자로 확인할 수 있는 설득력'을 주었다.

K 원장님의 눈빛이 바뀐 순간이 있었다. "그럼 저는 금요일엔 수업을 안 해도 되는 거예요? 그럼 그 시간에 공부를 더 할 수 있겠네요!" K 원장님은 사실 '수업 외 시간'을 활용하는 개념을 처음 받아들인 것이었다. 작은 교습소 운영자는 대개

'시간표를 채우는 것'만 생각한다. 하지만 그게 아니라, '시간표를 재구성해서 내 삶을 바꾸는 것'도 가능하다는 걸 K 원장님은 이제서야 실감하게 된 것이다.

이를 계기로 K 원장님은 조금씩 운영의 새로운 길을 발견했다. 예전에는 아이들 성적 향상만 생각했지만, 이제는 '나의 삶의 질'까지 고민하게 되었다. "저는 나중에 여행도 다니고 싶어요. 학원은 계속 하고 싶지만, 제 삶도 중요하잖아요." 이렇게 말하는 K 원장님의 눈빛에서 나는 '변화'의 가능성을 보았다.

K 원장님과 나는 다음 단계로 넘어갔다. 상담 매뉴얼을 다시 짜고, 학부모와의 소통을 효율적으로 할 수 있는 방식도 설계했다. "내가 매번 똑같은 말을 하는 것보다, 학부모님들이 원하는 답을 먼저 주는 게 좋겠다"는 K 원장님의 의견도 적극 반영했다. 작은 교습소라도 상담과 커뮤니케이션이 '시스템'으로 이어져야 학부모 신뢰가 커진다.

K 원장님의 사례는 아직 진행 중이다. 하지만 분명한 건, K 원장님이 이제는 더 이상 '수업만 하는 원장님'이 아니라

사업가로서의 성장 가능성이 생겼다. 그의 삶에도, 그의 학원에도 새로운 기회가 조금씩 열리고 있다.

시간표를 재구성하는 게 중요한 이유

K 원장님과 함께 새로운 운영 방식을 설계하는 과정에서 가장 먼저 한 일은 '시간표 재구성'이었다. 기존의 시간표는 거의 1년 가까이 바뀌지 않았다. "이 시간표는 제가 처음 시작할 때 그냥 짰던 거예요. 그 이후로 크게 바꾼 적이 없어요." K 원장님은 이렇게 말했다. 수업 내용이 아무리 좋아도, 시간표가 고정되어 있으면 새로운 학생을 받을 수 있는 '틈'이 없다.

나는 K 원장님에게 작은 변화부터 권했다. "예를 들어 월요일에만 수업을 몰아넣는 대신, 화요일이나 목요일로 옮길 수 있는 학생이 있는지 먼저 찾아보세요."

K 원장님은 처음에는 "부모님들이 싫어하실 텐데…"라고 걱정했지만, 막상 상담을 시작하니 의외로 많은 학부모들이 "그래요? 그게 더 좋으면 그렇게 해주세요"라고 흔쾌히

응답해주었다.

여기서 중요한 건, 상담할 때 '이동의 이유'를 명확히 설명해주는 것이다. "반을 재배치하면 세부영역에서 아이들이 더 집중할 수 있고, 선생님이 더 좋은 자료를 준비할 수 있다"고 이야기하면 학부모들은 오히려 '학원이 우리 아이를 세심히 챙기는구나'라고 느낀다. K 원장님도 이 과정을 통해 "학부모님들이 제 생각보다 유연하시더라고요"라며 웃었다.

핵심은 '설득력'이다

단순히 "이렇게 해주세요"가 아니라, 왜 그게 좋은지, 우리 아이에게 어떤 도움이 되는지를 알려줘야 한다. 이 설명만으로도 학부모 상담의 신뢰도가 크게 달라진다.

시간표가 정리되자, K 원장님의 학원은 변화의 틈이 생겼다.

> "금요일이 비니까,
> 그 시간에 예비 중학생 반을
> 새로 열어볼까요?"

K 원장님이 이렇게 말하자 나는 "좋아요! 이제 바로 추가 매출을 만들 기회네요"라고 격려했다. 작은 학원이라도 '빈 시간'을 어떻게 활용하느냐에 따라 월 수입은 큰 차이를 만든다.

이때부터 K 원장님은 매주 금요일마다 한두 시간씩 '운영 아이디어 회의'를 혼자 하기로 했다. "이렇게라도 시간을 내서 생각해야, 학원이 계속 바뀌고 성장할 수 있는 것 같아요." 나는 원장님의 그 말이 너무 듣기 좋았다. 작은 교습소지만, 이제는 그 교습소가 단순한 '수업 공간'을 넘어서 '내 꿈을 실현하는 공간'으로 바뀌고 있다는 증거였다.

브랜딩의 필요성

시간표와 상담 시스템을 정리한 후, K 원장님은 자연스럽게 '나만의 학원 브랜딩'에도 관심을 가지기 시작했다. "대표님, 저는 블로그나 전단지 같은 건 잘 못하는데, 꼭 해야 할까요?" 이렇게 물어보길래 나는 이렇게 답했다.

"사실 블로그나 전단지도 매우 중요해요".
하지만 '내가 이런 학원이에요'를 말해줄 수 있는
한 줄 소개부터 시작해보는게 중요합니다."

나는 K 원장님에게 "우리 학원만의 강점"을 짧게 정리해보자고 했다. 처음에는 "저는 그냥 열심히 하는 게 강점이에요"라고만 말하던 K 원장님이었지만, 몇 차례의 질문을 던지자 이렇게 정리했다.
"저희 학원은 1:1로 아이를 보듬어주고, 성적 향상만이 아니라 아이가 스스로 공부법을 찾을 수 있게 도와줘요." 이후 이걸 자세하게 어떻게 어떻게 어떻게 질문하며 수업의 과정들을 정리하고 보기좋게 표로 만드는 것이다.

그리고 요약된 한 줄 소개를 전단지에 넣고, 블로그에도 올리기로 했다. "제가 이렇게 한 줄로 정리해보니까, 저도 제 학원의 강점이 새삼 느껴져요." K 원장님은 이렇게 웃었다. 강점을 찾는다는 것은 단순히 마케팅 자료를 만드는 게 아니라, 원장님 스스로도 '내가 왜 이걸 하고 있나'를 다시 생각해보게 하는 계기가 된다.

이후 K 원장님은 작은 이벤트도 해보았다. "중간고사 끝난 주에, 아이들이 그동안 열심히 공부한 걸 축하하는 작은 파티를 열어봤어요." 학부모들은 이런 변화를 좋아했다. "우리 아이가 원장님이랑 파티를 했대요! 너무 감사해요"라는 메시지가 오기 시작했다. K 원장님은 그제야 깨달았다. "내가 성적을 올려주는 것만이 다가 아니구나. 이런 소소한 이벤트가 학원에 대한 신뢰를 더 크게 만들어주는구나."

'작은 이벤트'가 신뢰를 만든다
대형 학원은 규모가 커서 작은 이벤트를 놓치기 쉽지만, 1인 학원은 원장님의 진심을 그대로 전할 수 있는 이벤트를 만들 수 있다. 아이들이나 학부모들이 '우리 원장님은 늘 나를 생각해준다'고 느끼면, 그것만으로도 학원의 경쟁력이 된다. 마지막으로 K 원장님이 나에게 이런 말을 했다.

> "대표님, 저는 이제 학원 운영이
> '단순히 돈 버는 일'이 아니라는 걸 알겠어요.
> 제가 좋아서, 제가 행복해서 하는 일이 돼야 하더라고요."

나는 그 말을 들으며 "맞아요, 원장님. 그게 바로 '성공하는 학원'의 진짜 모습이에요"라고 답해주었다. 결국 학원이라는 공간은 원장님의 철학과 삶의 방식이 고스란히 녹아드는 곳이다. K 원장님처럼 작은 교습소를 운영하더라도, '나는 이 일을 왜 하는가'에 대한 확신이 있으면 어떤 위기든 기회로 바꿀 수 있다.

성 대표의 실전 코칭

보강에도 룰이 필요하다.

수학은 진도가 중요한 수업이다. 그러나 아이들은 각자의 이유로 수업을 결석하는 경우가 많다. 이때 학부모는 보강 신청을 하게 되는데, 보강도 일정한 규칙을 만들지 않으면 전체 수업 스케줄이 꼬이게 된다. 내 경우는 "아이가 결석한 이후 2주 이내에 보강 신청해주셔야 한다"는 안내 메시지를 보내고, 이 기간 안에 보강을 하지 않으면 수업 시간을 차감한다는 세부 규정을 만들어서 운영을 했다.

Rule 8

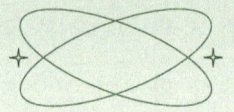

더 나은 프로그램을
도입하라

> **CASE STUDY**
>
> 지역: 대구 수성구
> 나이: 50대 초반
> 창업 유형: 소규모 학원
> 상황: 기존 수업 방식의 한계를 깨닫고,
> 새로운 프로그램을 도입하려고 노력하는 중

대구 수성구의 H 원장님은 언제나 "가르치는 것만큼은 누구보다 자신 있어요"라고 말하곤 했다. 실제로 H 원장님의 수업은 꼼꼼하고 아이들 눈높이에 딱 맞춘 강의로 정평이 나 있었다. 하지만 최근 몇 달간 H 원장님은 외부 프로그램 도입을 두고 고민하고 있었다.

> "대표님, 요즘 들어서 제 수업만으로는
> 뭔가 부족한 것 같아요. 새로운 프로그램을 도입해보면
> 어떨까 싶은데, 막상 하려니까 두렵네요."

H 원장님이 말한 '새로운 프로그램'은, 그동안 본인이 직접 만든 문제지와 강의자료만으로 수업을 해오던 방식에서 벗어나, 최근 최강수학 회사에서 만든 수학쓰기 프로그램을 결합한 융합식 수업을 해보자는 것이었다. "내가 잘할 수 있는 건 분명히 있는데, 그걸 더 확장해보고 싶어요. 근데 그게… 될까요?" 이 말에서 H 원장님의 말에서 나는 용기를 느낄 수 있었다.

나는 H 원장님에게 이렇게 말했다. "원장님, 잘하고 계신 수업에 새로운 시도를 얹는다는 건, '내가 가진 강점'을 더 크게 키우는 기회예요. 물론 처음엔 낯설고, 시행착오도 있겠지만, 그 과정 자체가 원장님의 성장의 기회가 될 겁니다."

H 원장님은 며칠간 혼자 고민하다가 다시 연락을 주었다. "대표님, 저 한번 해볼게요. 대신 제가 이걸 정말 잘할 수 있을지, 어떻게 시작해야 할지 알려주세요." 나는 H 원장님의

말에서 '변화를 만들고자 하는 결심'을 보았다.

프로그램 도입 전 준비 사항

H 원장님은 새로운 프로그램 도입을 위해 가장 먼저 '내가 가르치는 방식과 프로그램의 방향이 맞는지'를 살폈다. "저는 아이들 눈높이를 맞추는 데 자신이 있거든요. 그래서 어떤 프로그램이든, 그걸 아이들에게 맞게 다시 풀어줄 자신은 있어요." 이렇게 말하던 H 원장님의 눈빛에서 나는 '이 사람은 확실히 교육자로서의 자신감이 있구나' 하고 느꼈다.

하지만 동시에 H 원장님은 "이 프로그램을 들여온다고 해도, 아이들이 진짜 좋아할까요? 제가 해왔던 방식이랑 너무 다르면, 오히려 혼란만 주지 않을까요?"라며 걱정했다.

이런 고민은 모든 원장님들이 새로운 시도를 할 때 겪는 자연스러운 두려움이다. 나는 이렇게 답했다.

"맞아요, 아이들이 처음엔 혼란스러울 수 있어요.
하지만 그걸 잘 연결해주는 역할을 하시는 게
바로 원장님의 몫이에요. 아이들이 자연스럽게
넘어갈 수 있도록 '다리'를 만들어주시면 돼요."

H 원장님은 내 말에 고개를 끄덕였다. 그리고 이렇게 덧붙였다.

"제가 제일 두려운 건, '내가 그 다리를 잘 만들 수 있을까'예요.
그게 제가 할 수 있는 일인지도 모르겠어요."

나는 원장님의 걱정을 십분 공감했다. 사실 새로운 프로그램을 도입하는 것 자체보다, '내가 잘할 수 있을까'라는 자기 의심이 더 큰 벽이 되는 경우가 많다. 이러한 두려움을 넘어서야 진짜 변화가 시작된다.

이후 H 원장님은 나와 함께 실제 수업 흐름에 프로그램을 어떻게 접목할지를 설계하기 시작했다. "지금까지는 제가 문제를 만들고, 해설하고, 복습까지 혼자 했어요. 그런데 이제는 이 프로그램으로 모든 레벨 친구들의 서술형을 강화하고 성장해가는 과정을 부모님과 소통하려고 해요."

이 대목에서 나는 H 원장님이 시행착오를 극복하고 성장하겠다는 의지를 느꼈다. 최강수학의 새로운 프로그램을 처음 도입한 날, H 원장님은 내게 이렇게 말했다.

> **"대표님, 오늘 수업을 하면서 아이들 표정을 보는데, 확실히 좀 낯설어하는 게 보였어요. 근데 그걸 보면서 저도 같이 긴장됐어요."**

나는 그 고개를 끄덕였다. 새로운 걸 시도할 때, 가장 먼저 느끼는 건 '내가 이걸 진짜로 잘할 수 있을까' 하는 긴장감이다. 그건 잘못된 게 아니다. 오히려 그 긴장감이 원장님을 성장하게 만드는 원동력이 되기도 한다.

아이들의 반응을 기록하라

나는 원장님에게 수업 후 아이들 반응을 꼼꼼히 메모하라고 조언했다. "아이들이 처음에는 질문이 적었는데, 한 30분 지나니까 조금씩 적응하는 게 보여요." H 원장님은 아이들의 작은 변화도 놓치지 않았다.
아무리 작은 교습소라도, 원장님의 이런 관찰력과 성실함이 있으면 충분히 성장할 수 있다.

이후 나는 H 원장님에게 "이제 이걸 학부모님들께도 자연스럽게 설명해보자"고 제안했다. "새로운 수업 방식이 아이들에게 어떤 도움을 주는지, 그걸 어떻게 연결해주는지, 꼭 설명해주세요."

H 원장님은 처음엔 "저는 말솜씨가 없어서, 잘 설명할 자신이 없어요"라며 망설였지만, 나와 함께 스크립트를 만들면서 연습을 시작했다.

"대표님, 이렇게 말하면 될까요? '이번 프로그램은 아이들이 자신의 수준을 점검할 기회가 될 거예요. 그리고 그 결과를 바탕으로 성적도 오를 수 있습니다.'"

나는 "딱 좋아요! 이렇게만 말씀하시면, 부모님들은 '아, 원장님이 내 아이를 진심으로 생각하는구나' 하고 믿음을 가질 거예요"라고 답했다.

학부모 상담의 기본은 '내 생각을 솔직히, 그리고 짧게' 장황하게 설명하기보다는, 한두 문장으로 명확하게 말하는 것이 가장 설득력이 있다.

수업과 상담을 몇 차례 반복하면서 H 원장님은 점점 자신감을 찾았다. "대표님, 처음엔 내가 잘할 수 있을지 너무 무서웠는데, 해보니까 생각보다 재미있어요!" 이렇게 말할 때, H 원장님의 얼굴에서 에너지가 느껴졌다.

마지막으로 H 원장님은 이렇게 정리했다.

"새로운 프로그램을 도입하면서 저 역시 많이 배우네요.
앞으로도 이렇게 새로운 걸 계속 시도해보고 싶어요."

이러한 변화야말로 원장님의 성장이다. 학원의 변화는 결국 원장님의 마음에서 시작된다. 그 마음이 '두려움'을 극복하고 한 발자국 더 나아갈 때, 학원은 비로소 새로운 단계로 성장해나갈 수 있다.

성 대표의 실전 코칭

피드백이 중요한 이유

학원을 운영하다보면 업무가 바빠서 학부모에게 자녀의 학습 성과를 보고하는 게 불규칙한 경우가 많다. 내 경우도 초창기에는 한 번에 사진을 몰아서 개인 메신저로 보내기도 하고, 학원이 바쁠 때는 이를 생략하기도 했다. 하지만 이렇게 되면 학부모들이 학원을 "주먹구구식으로 운영한다"고 오해할 수도 있다. 이 때문에 아이들이 처음 등원할 때부터 미리 업무 루틴을 만들고 첫 등원 이후에는 등원 전화를 한다든지, 일주일이 지나면 초기 적응에 대한 선생님의 의견을 보내는 등 학부모에게 주기적으로 피드백을 보내주자.

Rule 9

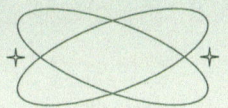

셀프 브랜딩을 점검하라

> CASE STUDY
>
> 지역: 경기 부천
> 나이: 30대 후반
> 창업 유형: 소규모 수학 학원
> 상황: 수강생 감소의 위기에서 학원을 계속 할지 고민

경기 부천에서 수학 학원을 운영하는 J 원장님은 한동안 '가만히 있어도 되는' 시기를 보내고 있었다. 학부모의 소개로 원생이 끊이지 않았고, 별다른 광고 없이도 월세와 생활비를 넉넉히 해결할 정도로 안정적인 매출을 올리고 있었다. 하지만, 이런 '안정'이 언젠가는 끝날 수도 있다는 불안이 J 원장님의 마음 한켠에 늘 있었다.

"저는 원래 사람들 앞에서 이야기하는 걸 별로 안 좋아해요. 수업만 하면 되니까, 굳이 블로그도 안 하고, 광고도 안 했어요." J 원장님은 처음 내게 이렇게 말했다.

잘 나가던 학원이 어느 날 무너진다면

그런데 어느 날, 갑자기 수강생이 떨어지기 시작했다. 그동안 매달 새로 들어오던 소개 원생이 끊기고, 기존 원생의 졸업과 이사로 빈자리가 생겼다. J 원장님은 말없이 이 시기를 보내다가 내게 연락했다. "대표님, 이게 그냥 잠깐동안 그러는 걸까요? 아니면 뭔가 해야 하는 걸까요?"

나는 J 원장님에게 이렇게 물었다. "지금까지는 소개와 입소문으로만 학원을 채워왔죠. 그런데 앞으로도 계속 그렇게 갈 거라고 생각하세요?"

J 원장님은 한참을 고민하더니 이렇게 대답했다. "솔직히 모르겠어요. 그냥 이대로 가면, 언젠가는 저도 문 닫아야 하는 거 아닐까 싶어요."

위기가 닥치면 학원의 '브랜드'를 점검하라

학부모나 학생이 학원을 선택하는 기준은 점점 까다로워지고 있다. 단순히 '가르치는 게 좋다'가 아니라, '왜 여기를 선택해야 하는가'라는 학원의 이유가 있어야 한다. 그 이유가 바로 '브랜드'다.

나는 J 원장님에게 이렇게 말했다. "원장님, 학원의 브랜드는 우선 원장님 마음에서 시작되어야 해요. 원장님은 왜 이 학원을 열었고, 무엇을 가장 소중히 여기세요?"

J 원장님은 잠시 멈칫하더니, 이렇게 대답했다. "저는… 제가 수학을 정말 좋아해요. 그리고 아이들이 수학을 무서워하지 않고, 재미있어했으면 좋겠어요."

이 한마디가, 나는 J 원장님의 학원 브랜드의 핵심이라고 생각했다.

"맞아요, 그거예요. '아이들이 수학을 무서워하지 않고, 재미있어지게 만드는 학원.' 이게 바로 원장님의 브랜드예요. 재밌어지기 위해 아이들의 성향을 파악해가는 원장님만의 방법을 정리해봅시다."

J 원장님은 처음엔 '브랜드'라는 말이 거창하게만 들린다고 했다. "저는 그냥 열심히 수업을 할 뿐이에요. 근데 그걸 브랜드라고 부를 수 있나요?"

나는 이렇게 설명했다. "브랜드는 로고나 간판이 아니라, '원장님이 학원을 운영하면서 가장 중요하게 여기는 가치'예요. 그 가치를 학부모와 아이들에게 자연스럽게 전해주면 돼요."

학원의 브랜드는 '나의 철학'을 보이는 것

브랜드는 광고 문구가 아니다. '나는 왜 이 일을 하는가' '내가 가르칠 때 가장 중요하게 생각하는 것은 무엇인가' 그걸 진심으로 말할 수 있을 때, 그것이 곧 브랜드가 된다.

이제 J 원장님은 학부모 상담을 할 때, 자신이 왜 이 수업을 하는지 솔직히 이야기하기로 했다. "저는 아이들이 수학을 즐겁게 배우면 좋겠다고 생각해요. 성적이 오르는 건 당연한 거고, 수학을 싫어하지 않게 해주는 게 제일 중요해요."

이렇게 말할 때, J 원장님의 눈빛은 예전과 달리 반짝반짝 빛났다.

그리고 작은 이벤트도 시작했다. "이번에는 '수학이랑 놀자'라는 이름으로 수학 게임 데이를 열어봤어요. 아이들이 정말 좋아하더라고요." 이렇게 소소하지만 즐거운 경험이 쌓이면서, 학부모들은 J 원장님의 진심을 느꼈다. "우리 아이가 수학을 무서워했는데, 원장님이랑 수업하면서 표정이 달라졌어요."라는 메시지가 왔을 때, J 원장님은 자신감을 찾았다.

학원 운영의 변화는 J 원장님을 새롭게 만들었다. "처음엔 아이들이 즐거워하는 모습이 저한테도 큰 기쁨이었어요. 그런데 지금은, 이걸 어떻게 더 많은 학부모님들께 알릴지 고민하게 됐어요."
나는 J 원장님이 '브랜드의 본질'을 깨달았다는 증거라고 생각했다.

J 원장님은 블로그나 전단지 같은 '전통적인 홍보 방식'에는 여전히 자신이 없지만 코칭받은 대로 하나씩 배우며 실행하고 또 그와 동시에 새로운 방식으로 '브랜드'를 알리고자 하는 의지가 생겼다. 예를 들어, 아이들이 만든 수학 놀이 결과물을 사진으로 찍어, 학부모 단톡방에 공유하기 시작했다. "학부모님들이 너무 좋아하세요. 우리 아이가 이렇게 재미있게 수업하는 걸 보고 안심하신대요."
이런 변화는 단순한 마케팅이 아니었다. J 원장님이 자신의 수업과 학원의 철학을 '보여주는 방식'을 찾은 것이다.

경력보다 더 중요한 건 브랜딩

나의 강점을 드러내는 게 부끄럽거나 부담스러울 수 있다. 하지만 '내가 왜 이걸 하는지' '내 수업의 즐거움이 어디에 있는지'를 용기 내서 보여줄 때, 학부모와 아이들은 진심을 느끼게 된다.

마지막으로 J 원장님은 내게 이렇게 말했다.

> "대표님, 저도 이제는 제 경력만 믿고 기다리지 않으려고요.
> 그래서 앞으로는 제 생각을 더 많이 말해보려고요.
> 아이들이 수학을 즐겁게 배울 수 있게,
> 그리고 저도 즐겁게 가르칠 수 있게."

나는 이렇게 답해주었다.

> "맞아요, 원장님. 지금처럼 솔직하게, 진심으로 아이들과
> 학부모에게 다가가면 학원의 브랜드는 자연스럽게
> 만들어질 거예요. 그것만큼 강력한 무기는 없어요."

Rule 10

돈 욕심을
더 부려도 된다.

CASE STUDY

지역: 경기 성남
나이: 40대 초반
창업 유형: 초등·중등 수학 교습소
상황: 아이들을 잘 가르쳐야 한다는
사명감과 학원 매출에 대한 고민을
동시에 하는 중

경기 성남의 S 원장님은 아이들을 사랑하는 마음으로 시작해, 누구보다 '착한 학원'이라는 평가를 받아온 분이었다. "저는 욕심이 없어요. 아이들이 행복하게 공부하면 그걸로 충분해요."

이 말은 S 원장님의 진심이었다. 하지만 '욕심이 없다는 말' 뒤에는 현실적인 고민도 숨겨져 있었다. "저도 원장님처럼 월 천만 원까지 매출을 올리고 싶어요. 그런데 저는 너무 마음이 약해서, 부모님들한테 이걸 내밀지 못하겠어요."

S 원장님의 고민은 한마디로 '좋은 선생님'과 '사업자' 사이에서의 정체성 혼란이다. 수업만 하면 마음이 편하고, 아이들만 보면 행복하다. 하지만 현실은 운영비, 임대료, 생활비를 책임져야 한다. S 원장님은 내게 이렇게 말했다.

> "대표님, 저는 학원을 운영하면서 늘 이 두 마음이 싸워요.
> 수업만 하고 싶고, 그게 제일 좋은데... 또 한편으로는
> 제 가족도 생각해야 하니까, 수익도 신경 써야 하고요."

원장님이 돈을 밝혀도 되나요?

나는 S 원장님에게 이렇게 답했다.

> "그 두 가지 마음은 원장님이 잘못된 게 아니라,
> 원장님만의 균형을 찾으라는 신호예요.
> 아이들을 행복하게 하면서도, 내 삶을 지키고 내 가족을
> 지킬 수 있는 길이 분명히 있어요."

S 원장님은 '내가 이 학원을 왜 하고 있나'라는 질문으로 돌아왔다. "사실 저는 아이들이랑 수업할 때가 제일 좋아요. 그런데 학부모 상담할 때는 긴장돼요. 제가 뭔가 부족해 보일까봐, 그게 두려워요."

나는 그 말이 오히려 S 원장님의 큰 강점이라고 느꼈다. "그 마음이 있으면, 오히려 학부모님들이 더 믿음을 갖게 돼요. '우리 원장님은 우리 아이를 정말 소중히 생각하시는구나' 하고요."

S 원장님과 나는 '학부모 상담의 기본'을 다시 정리했다. "수업 이야기는 자신 있게, 운영 이야기도 자신 있게 하세요. 원장님이 수업을 정말 좋아하신다는 걸 그대로 말씀해도 충분해요. 그 진심이 원장님의 브랜드예요."

진심어린 상담이 곧 마케팅이다

S 원장님은 "정말 그렇게 해도 괜찮을까요?"라며 긴장했지만, 며칠 뒤 이렇게 연락을 주었다. "대표님, 제가 처음으로 학부모한테 제 마음을 솔직히 말했어요. '저는 아이들이 행복하게 공부하는 게 제일 중요하다'고 했더니, 학부모님이 고개를 끄덕이시더라고요."
지나친 마케팅 멘트보다, 원장님의 진심 어린 이야기가 훨씬 큰 설득력을 가진다.
이후 S 원장님은 운영의 구조도 조금씩 바꿔가기 시작했다.
"저 혼자 수업을 다 맡으면 아이들에게 집중할 수가 없어요. 그래서 수학 고학년 수업은 믿을 만한 강사님께 맡겼어요."

S 원장님은 이제 '나만 할 수 있는 역할'과 '가르치는 역할'을 구분하기 시작했다. "저는 초등부를 책임지고, 강사님은 중등부를 맡았어요. 이렇게 하니까 확실히 시너지 효과가 나더군요."

운영의 구조가 바뀌면서 S 원장님은 자연스럽게 '내 삶의 여유'에 대해서도 생각하게 됐다. "제가 늘 수업에만 매달려 있었는데, 이제는 하루에 한두시간은 저를 위해서 써보고 있어요. 처음에는 죄책감이 들었는데, 오히려 그 시간이 있으니까 수업이 더 좋아졌어요."

나는 그 말을 들으며 '이제야 원장님이 진짜 학원 사업자가 되었구나'라는 생각이 들었다.
이제 S 원장님의 학원은 월 수익이 안정적으로 1000만 원을 넘어서고 있었다. 처음에는 "돈이 다가 아니에요"라고 말하던 S 원장님이었지만, 이제는 이렇게 말한다.

> "수익이 오르니까 저도 마음이 한결 가벼워져요.
> 예전에는 수업만 열심히 하면 됐는데,
> 지금은 학원이라는 공간을
> 어떻게 더 성장시킬지 생각하게 돼요."

S 원장님의 이야기는 작은 학원이 '운영'과 '가르침' 사이에서 어떻게 균형을 잡아가는지 보여준다. 그리고 그것은 단순히 돈을 버는 일이 아니라, 내 삶을 지키는 일이기도 하다. S 원장님은 이렇게 정리했다.

> "저는 아이들에게 수학을 가르치면서,
> 동시에 '내가 좋아하는 일'을 다시 찾았어요.
> 이 일이 힘들 땐 분명 있지만, 그래도 매일 아이들을 만나고,
> 새로운 수업을 고민할 수 있는 게 저는 행복해요."

Rule 11

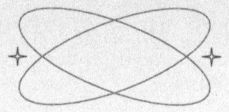

마케팅을
정확하게 하라

온라인 광고는 무턱대고 여러 채널을 뒤섞어서 진행하면 성과가 떨어진다. 나는 원장님들에게 3단계 로직(logic)을 접목하라고 말한다. 1단계는 고객이 우리 학원을 '인지'하는 단계, 2단계는 인지한 고객을 타깃으로 '마케팅'하는 단계, 마지막 단계는 광고를 보고 연락이 온 고객에게 '클로징'하는 단계이다.

무조건 성과가 나는 온라인 광고의 3단계 로직

• 1단계: 우리 학원 인지시키기

1단계에서는 고객에게 최대한 우리 학원을 많이 알리는 과정이다. "어느 정도로 인지시켜야 적절한 것이냐"라고 했을 때 나는 최소한 고객이 SNS나 다른곳에서 우리 학원을 5회 이상 봐야 한다고 본다. 예를 들어 아이나 학부모가 밤에 학원 간판 불을 켜놨으면 지나가면서 한 번, 그리고 친구 엄마가 아이를 보낸다는 말을 듣고 한 번, 맘카페에서 관련 글을 읽으면 또 한 번 하는 식이다. 마침 이 엄마의 집에 전단지가 문 앞에 붙어 있고 마지막으로 인스타그램에서 관련 광고글을 접하면? 이 엄마는 반드시 학원에 검색창에 우리 학원 이름을 쳐볼 수밖에 없다.

이 정도로 세팅이 되어 있지 않은 채로 마케팅 성과를 논한다는 건 어불성설이다.

• 2단계: 상위 노출 마케팅

검색창에 우리 학원 이름을 검색했는데 학원이 안 나온다면? 1단계에서 잔뜩 기대한 고객을 실망시키는 꼴이다. 고객은 학원 이름을 검색해보기도 하지만 '지역+학원'을 함께 검색하는 경우도 있다. 예를 들어서 '새솔동 수학학원' '증산동 수학학원'을 검색해보는 식이다. 이렇게 검색했는데 최상단에 우리 학원이 안 나온다면 1단계의 성과를 2단계로 연결시키지 못하고 있는 것이다.

*사진 설명: 네이버 키워드 광고의 도구를 통해서 지역의 학원 수요를 예측해볼 수 있다.

고객은 검색 결과로 나타나는 블로그나 웹페이지의 관련 게시글의 날짜를 본다. 상위 검색은 되었지만 블로그의 포스팅 날짜가 2년 전이라면? 고객은 '뭐야, 이 학원 활성화가 안 되었네'하고 이탈해버린다. 맛집을 검색할 때의 경험을 떠올려보자. 간장 게장 맛집을 쳤는데 검색 결과가 2년 전 것이라면, 그 가게를 가고 싶겠는가? 고객이 검색할 때를 대비해 미리 해당 키워드로 상위노출이 될 수 있도록 하는 것이 좋다.

간혹, 원장님들과 상담을 하다보면 "당근 광고는 효과가 없다"거나 "전단지 광고는 안 하는 게 낫다"는 말을 종종 듣는다. 하지만 나는 세상에 효과 없는 광고는 없다고 본다. 만약 어떤 광고가 효과가 없었다면, 이는 해당 광고채널의 기능을 이해하지 못한 채 광고를 했기 때문이다.

예를 들어서 당근 광고의 경우, 매출 전환보다는 인지 효과를 위한 '쇼윈도 효과'에 가깝다. 밤에 학원 간판 불을 켜놓는 것과 같은 기능이라고 보면 된다. 평소에 당근에 들어가서 학원 정보를 찾는 사람은 없지 않는가! 당근 광고는 1단계 인지를 위한 광고인 셈이다.

"대표님, 하루에 5천 원씩 광고를 돌리고 있는데 클릭이 없어요." 이렇게 하소연하는 원장님들은 당근 광고의 기능을 오해한 것이다. 오히려 클릭이 없으면 좋은 것이다. 고객에게 우리 학원을 인지시키는 데 돈이 안 들었다는 뜻이니까.

지역에 따라서 어떤 광고 채널을 선택할지, 온라인과 오프라인 광고를 둘 다 할지, 아니면 선별적으로 할지가 결정된다. 특히 1단계에서 지역 분석이 끝났다면 이후 2단계에서는 웬만하면 블로그, 인스타그램, 당근 광고 등 모든 채널에 광고를 노출시키는 게 좋다고 본다.

• 3단계: 클로징

클로징은 고객이 광고를 보고 마음에 결심을 하게 만드는 과정이다. 클로징을 잘하는 방법은, 내 고객에게 나는 무엇을 도울 수 있을까 계속 생각하는 것이다. 앉아서 상담할 때도 상담하고 간 이후에도 계속 나는 무엇을 도울 수 있을까 고민하는 것이 클로징의 첫 단추다.

성 대표의 실전 코칭

바꿀 수 있는 것과 없는 것을 구분하라

컨설팅을 통해 학원 운영 솔루션을 만들어준다고 해서 모든 학원이 성공하는 것은 아니다. 아무리 솔루션이 탁월하더라도 뚜렷한 지역적 한계를 갖는 학원이나 원장님의 경영 전략의 특색이 강해 전략을 움직이기 어려운 경우에는 반전을 모색하기 어렵다.

비율제의 함정

강남에서 학원을 운영하는 U원장님의 사례가 생각난다. 강남은 워낙 교육색이 강한 지역이라 프로그램이나 시스템보다는 원장님 개인의 이름을 걸고 브랜드화해서 학원을 운영하는 경우가 많다. U원장님은 4개의 관을 운영할 정도로 이미 지역에서는 터줏대감과 같은 존재였다.

하지만 원장님의 이름은 알려진 반면, 학원 프로그램에서 이렇다 할 특색은 없어 보였다. 무엇보다 초등부를 비율제로 운영하다보니 교사에게 지출되는 페이가 많아 수익성이 떨어진다는 문제도 있었다.

U원장님은 "선생님에게 보수를 넉넉히 줘야 수업의 질이 높아지기 때문에 투자해야 한다"는 입장이었지만 비율제는 양날의 검과 같다. 학원 운영에 도움이 되는 케이스가 있고 아닌 경우가 있기에 선택을 신중히 해야 한다.

중고등부의 경우 학생을 책임지고 성적을 올려주면 그만큼 바이럴 효과가 크게 나타나기 때문에 성적 관리의 측면에서 보면 비율제로 가는 게 나을 수도 있다.

반면 초등부의 경우는 학원 측에서 관리를 꼼꼼하게 하더라도 시험을 보지 않기 때문에 성적 피드백을 받지 못하는 학부모 입장에서는 학원에서 얼만큼 관리를 해주는 건지를 알 수 없다는 단점이 있다.

체질 개선을 위해 감수해야 할 것

U원장님의 경우에는 마케팅 비용을 과도하게 쓴다는 점 또한 지적되었다. 한 달에 사용되는 광고비 대비 학생 모집율을 전환율로 따져봤을 때 수익성이 거의 없는 상황이었다. 무엇보다 이런 운영상의 비효율성을 가졌음에도 가족이 함께 동업을 하는 구조상 부원장인 여동생에게 과도한 급여가 책정되어 있는 등 업무 체계가 불안정한 점도 문제였다. 결국 U원장님은 쉼없이 수업을 하고 학원 경영에 몰입을 하는데도 결과적으로 수익성이 거의 없는 학원 운영을 하고 있다는 결론이 나왔다.

원장님은 내게 도움을 요청했지만 이러한 전반적인 학원 운영 내용을 듣고서는 어렵겠다는 판단이 들었다. 나는 U원장님에게 진심을 담아 마지막 조언을 했다.

"원장님은 이미 학원 규모가 커서 시스템을 바꾸려면 초등부터 중고등부까지 전부 바꿔야 하는데 원장님의 철학이 확고한 상태에서는 비용과 시간이 많이 들 거예요. 그래도 체질을 바꿀 수는 있겠지만 최소 3~6개월 정도는 매출이 급감하는 걸 감수해야 합니다. 괜찮으신가요?"

내 질문에 U원장님은 표정이 굳더니 곧 난색을 표했다. 이렇듯 적자가 나는 걸 알더라도 달리는 기차를 멈춰세우는 건 어려운 일이다. 결국 학원의 체질 개선의 필요성이 조금 더 확고해지는 시점에 다시 도움을 요청하기로 했다.

Rule 12

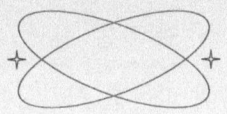

학원의 비밀 무기를 만들어라

어떤 지역은 상권이 이미 포화 상태여서 마케팅에 애를 먹기도 한다. T원장님은 공부방 운영에서 시작해 현재는 충남 내포 중심가에서 학원 2개관을 운영하는 상황이었다. 1년 반만의 성과로는 대단해 보였지만, 문제는 원장님이 중심가 항아리 상권으로 이뤄진 곳이라 이미 학원 간 경쟁이 치열하다는 게 문제였다. 그런 상황에서 3관을 오픈하려고 했다.

"꼭 나가셔야겠어요?" 나는 T원장님에게 나가려는 이유를 물었다. T원장님은 "국어, 영어, 수학을 한 곳에서 해결할 수 있는 종합학원을 1개 더 만들고 싶다"고 말씀하셨다. 종합학원은 단과학원에 비해 신경쓸 일도 많고 자칫하면 학부모로부터 전과목 싸게 가르치는 보육 중심 학원으로 내비칠 수도 있기에 마케팅, 운영 전략이 중요하다.

나 역시 한 때 국영수 과목을 전부 가르쳐본 적이 있다. 종합학원은 단과에 비해 과목별 시간표를 짜는 것도 어렵지만 강사 운영 및 관리도 만만치 않다. 그러나, 초등학생 자녀를 둔 T원장님의 의지는 완강했다. "우리 아이만 봐도 여러 학원을 도느라고 시간과 비용을 낭비하고 있으니 나와 같은 문제의식을 가진 학부모들이 많을 것"이라는 얘기였다. 더는 말릴 수 없을 것 같아서 함께 잘 되는 방법을 찾기로 했다.

규모의 경제로만 승부하려는 경우

중심가로 이전을 계획하고 보니 대형 프랜차이즈 브랜드의 이름을 내건 주변 학원들이 수강료를 조금씩 낮추기 시작했다. 대형 학원들은 간혹 경쟁 학원을 밀어내기 위해 수강료를 대폭 할인하는 경우가 있다. 이때 자금 동원력이 부족한 소규모 학원은 시간 싸움에서 버티지 못하고 문을 닫는다. T원장님의 학원도 이러한 궁지에 몰린 상황이었다.

어느 날 원장님에게 다급한 전화가 걸려왔다.

"대표님, 우리 아이들이 주변 학원으로
다 빠져나가게 생겼어요.
이유를 물어보니,
대뜸 하는 말이 옆에 큰 학원이 학원비가
더 저렴해서 그리로 간다는 거예요.
이제 어쩌면 좋죠?"

처음부터 결과가 정해진 게임이었다. 학원비를 4~5만원이상 싸게 받는 대형학원과 비교해서 T원장님의 학원은 프로그램과 수강시간 면에서 차이가 없었다. 똑같은 조건이라면 학부모들은 당연히 학원비가 저렴한 쪽으로 옮기는 게 당연하다.

원장님과의 대화에서 좋은 교구나 좋은 프로그램이 아닌 우리 학원만의 강점을 찾는 것이 시급하단 결론을 내렸다.

"원장님, 대형학원 학원비가 몇 만원 더 저렴하더라도,
원장님 학원으로 와야만 하는 이유가 없다면
수강생은 계속 빠져나갈 거예요.
그걸 어떻게 만들어내시겠어요?"

내 말을 차분하게 듣던 Y원장님은 곧 현실을 자각하고 도움을 요청했다.

단점을 장점으로 바꾸기

이미 규모가 큰 종합학원의 특장점을 도출하는 것은 쉬운일이 아니었다. 이미 100여 명의 학생들이 다니고 있는 학원의 시스템을 바꾼다는 건 내 입장에서는 아파트 재건축만큼 어려운 일이다. 그렇지만 방법이 아예 없는 것은 아니다. 다행히 T원장님은 변화의 의지가 강했고, 이미 운영하고 있는 프로그램에서도 장점과 차별화 요소가 충분했기에 반전을 노려볼 만하다는 생각이 들었다.

> "원장님, 이달부터는 엄마들에게
> 학습 평가표를 나눠주면 어때요?"
> "프로그램을 바꾸는 게 아니라
> 학습 평가를 하자고요?"

원장님은 내 말을 듣고 어리둥절해했다. 나는 나름대로 계획이 있었다. T원장님은 무리하게 국영수 과목을 종합학원처럼 가르치는 데서 오는 혼선이 있었다면 이를 이용해서 학부모들에게 아이의 학습 진도표를 그려주면 차별화가 될 수 있겠다는 판단이 들었다. 타 경쟁학원들이 분과별로 되어 있어서 아이의 학습 성장 곡선을 알기 어려웠다면,

원장님은 한 학생에 대한 이런 종합적 평가가 가능하다는 점을 학부모에게 어필할 수 있을 것 같았다.

> "고교 학점제가 활성화되었잖아요.
> 그러니 우리 학원은 성적만 잘 뽑는 곳이 아니라
> 아이가 학습하는 데 통합 솔루션을
> 제시해주는 곳이라는 걸 어필하는 거에요.
>
> 국영수를 따로 따로 가르쳤을 때는
> 학부모가 이런 로드맵을 짜는 게 어렵지만,
> 우리 학원에서는 가능하다라고요."

전략이 바뀌면 광고 문구도 바뀐다

나는 즉시 Y원장님의 학원을 홍보하는 온라인 광고 문구를 바꾸라고 알려주었다.

> '성적 평가, 성취 평가 동시 진행으로
> 우리 아이 학습 솔루션을 제안해드립니다'

학부모들의 반응이 오기까지는 그리 오랜 시간이 걸리지 않았다. 실제 고교 학점제에 대한 궁금증과 목마름이 있던 학부모들 중심으로 T원장님의 학원이 입소문이 나기 시작한 것이다. 오랜 시간 학원운영에 대한 이야기들을 나누며 원장님 역시 실행의 힘이 강한 분이셨기에 이번에도 코칭대로 학원을 이끌어가셨다.

원장님은 이제 맘카페에 학원의 차별화된 장점에 대해 할 말도 생기고, 분과별 선생님들과 모여서 회의할 내용들고 구체적으로 정해지니 좋다고 하셨다. 그리고 내게 감사하다면서 몇 번이고 전화를 걸어왔다. 내가 시도한 건 어려운 게 아니다. 우리 학원만의 특장점을 살리고 이를 경쟁 학원과 차별화 요소로 만든 다음, 이를 적절한 타깃에게 지속적으로 홍보하는 것. 물론 단순하지만 다양한 경험과 학원 운영에 대한 노하우가 쌓여야만 도출될 수 있는 전략이다.

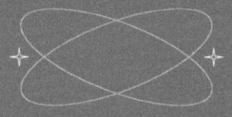

에필로그

⌘ 에필로그

최근 만난 인연 중에 울산에서 교습소를 하던 원장님이 있습니다. 지금은 최강수학학원으로 확장하고 3개월 만에 매출 2배를 달성했고 현재는 나와 함께 교육 사업을 하며 그녀의 교육 팀을 건강하고 멋지게 리드하고 있지요. 그분에게 가장 많이 듣는 말은 "네 대표님"입니다. 그분을 보면 이전의 제가 성장하려고 결심 했을 때 "네 알겠습니다" "네 해보겠습니다"라는 말만 해서 사람들은 나에게 불가능이 없는 여자라고 했던 생각이 납니다.

저는 예전부터 단 한 번도 "될까. 해볼까. 해야 하나"라고 말하지 않았습니다. 그렇게 노력한 덕분에 지금 내 옆에는 평생을 함께 하고 싶은 열정의 친구들이 생긴 건지도 모릅니다.

> "오랜만에 피가 거꾸로 솟구치는
> 기분이네요."

저는 상담이 끝나고 이런 말을 들을 때가 가장 희열이 생깁니다. 제가 매일 새벽 4시에 일어나 밤 12시까지 전국을 돌면서 상담을 할 수 있는 원동력이기도 하고요. 제가 만나는 원장님들은 주로 40~50대 여자 원장님들입니다. 저는 상담을 할 때 꼭 물어보는 말이 있어요.

"원장님 딸이 50대가 되어서
오늘이 원장님처럼 살면 어떠시겠어요?"

이렇게 물으면 99%의 원장님은 "절대 안 된다"고 말합니다. 그 말을 듣는 기분은 속상하긴 하지만 저는 여기에서 긍정적인 신호를 읽어요. 그 말은 변화하고 싶다는, 나도 달라질 수 있다는 의지이기도 하니까요.

1년 뒤의 변화

그럼 목표와 꿈을 갖고 변화한 원장님들은 뭐가 다를까요? 제가 상담을 해보니 다릅니다. 확실히 다르더군요.
우선 주변에 긍정의 말과 열정의 친구들이 있습니다! 제게도 어떤 상황에도 함께 응원하고, 달려가는 친구가 있습니다. 그리고 그들과 지금의 상황이 아니라 미래의 나를 위해 또 한번 더 움직이고 실행합니다. 그리고 노력합니다.

그런 우리의 하루하루에 자신이 있지요!

지금 저도 그렇습니다. 새벽에 눈을 떠서 자정이 넘어서야 겨우 잠드는 하루하루의 연속이지만, "당신이 정말 행복하고 지금처럼 사는 걸, 자녀도 닮아가길 원하느냐"고 물어보면 "그렇다"고 답할 자신이 있어요. 누가 시켜서 하는 것도 아니고, 제가 좋아서 하는 일. 누군가의 성공을 보는 것이 매일이 설레고 흥분되고 재미있어서, 게다가 돈도 벌 수 있어서 저는 이 일에 감사하면서 계속 앞으로 나아가고 있습니다.

내가 잠들 지 못하는 이유

저로 인해 원장님들이 꽉 막힌 삶에 작은 희망의 불빛이 비추는 걸 보면서 저의 열정은 매일 충전되곤 합니다. 누군가 저에게 "성 대표님은 잠을 안 자세요?" 하고 묻던데, 정확히는 잠을 못 자는 게 맞습니다. 저로 인해 인생이 달라지는 사람들이 이렇게 많은데 제가 어떻게 잠을 자겠어요.

그동안 여러 원장님들에게 컨설팅을 해주다보니 개인적으로 아쉬운 부분이 많았다.

'나라면 저 비용은 줄일 텐데...'

'아이들 관리는 이렇게 하면 더 좋을 텐데...'

컨설팅을 말 그대로 조언입니다. 강제 사항은 아니다보니 내가 제시한 솔루션이 맞다고 해도, 원장님이 받아들이지 않는다면 변화는 일어나지 않죠. 하지만 여러 상담 경험상 변화하지 않았을 때의 결과가 어떨지를 아는 제

입장에서는 안타까운 마음에 조금이라도 더 개입하려고 하는 경우가 많습니다.

그러다가 어느 날에는 '정 그렇다면 내가 먼저 시범을 보여주고 입증해서 이렇게 하면 된다는 걸 보여주자'는 생각이 들었습니다. 그래서 인천의 한 지역을 타깃으로 삼아서 2025년 상반기에 학원을 오픈하게 되었어요. 교육의 길을 늘 걸어왔던 제게 다시 사랑하는 제자들을 만나는 정말 좋은 기회이기도 하고요

학원을 열 자리를 찾을 때는 지역을 잘 살펴야 합니다. 제가 선택한 지역의 경우 학구열은 높지 않지만, 인구가 밀집된 신도시로서 타 지역에 비하면 정보의 비대칭이 심한 곳이었어요. 저는 지난 경험상 이런 곳은 현재

단원과 앞으로 학습할 단원에 대한 진도가 조화롭게 잘 섞이면 학생들에게 양질의 교육을 제공하고 학부모들의 반응이 좋을 것이라고 예상했습니다.

어쩌면 이 책이 나올 무렵이면 더 바빠질 지도 모르겠네요. 책이 잘 되어 나중에 〈유퀴즈〉에 나가는 게 제 꿈이네요. 마지막으로 이 말만은 꼭 남겨두고 싶습니다. 자기가 하는 일을 사랑하고, 그 일에 후회 없이 즐긴 사람이 진정으로 인생을 즐길 수 있다고 말이죠. 이 책을 읽는 독자분이 어떤 일을 하든, 그 일을 통해서 인생의 의미와 가치를, 경제적 자유와 삶의 목적을 발견하시기를 간절히 소원합니다.